VÄTER DER ZUKUNFT

BJÖRN VEDDER

VÄTER DER ZUKUNFT

Ein philosophischer Essay

BÜCHNER-VERLAG
Wissenschaft und Kultur

ISBN (Print) 978-3-96317-195-6
ISBN (ePDF) 978-3-96317-717-0
ISBN (ePUB) 978-3-96317-729-3

Copyright © 2020 Büchner-Verlag eG, Marburg

Bildnachweis Cover: privat

Satz und Umschlaggestaltung: DeinSatz Marburg | tn

Druck und Bindung: Totem, Inowrocław/Polen
Printed in EU

Bibliografische Informationen der Deutschen Nationalbibliothek

Die Deutsche Nationalbibliothek verzeichnet diese Publikation in der Deutschen Nationalbibliografie, detaillierte bibliografische Angaben sind im Internet über http://dnb.de abrufbar.

www.buechner-verlag.de

Inhalt

Für meine Töchter

Kapitel 1
Einleitung

In den meisten Familien lebt ein Vater. In manchen gibt es sogar mehrere Väter, und auch da, wo sie nicht (mehr) zu Hause leben, sind sie doch in der Nähe – am Wochenende, in den Ferien, zu Geburtstagen. Trotzdem sind die meisten Väter abwesend, abwesend in dem Sinne, dass sie ihre Funktion verloren haben und nicht wissen, wie sie eine neue finden sollen. Psychologinnen konstatieren seit längerem schon eine »Ferne der Väter«, die aus der Verunsicherung darüber resultiert, was die Rolle des Vaters heute sein könnte. Denn viele, die ihre Kinder heute die väterliche Zuwendung vermissen lassen, wissen gar nicht, worin diese Zuwendung bestehen könnte, weil sie selbst keine erfahren haben und auch keine entsprechenden Rollenbilder vorhanden sind, um diesen Mangel zu kompensieren. Dieses Defizit vererben sie. Ihre Verunsicherung, so der Psychoanalytiker Hans-Geert Metzger, hat »oft einen unverbindlichen Rückzug, ein reales oder symbolisches Verschwinden der Väter zur Folge«. Und aus dieser neuen Abwesenheit der Väter resultieren verschiedene Symptome einer »väterlich bedingten Grundstörung«, die sich in einer mangelnden Individuation und Sozialisation der Kinder genauso zeigt wie in zunehmenden psychischen Leiden der Väter, in Depressionen, Schlaf- und Arbeitsstörungen.[1] Dass sich die Orientierungslosigkeit bis hin zu psychischen Leiden steigern kann, belegen viele klinische und sozialwissenschaftliche Studien. Sie zeigt sich aber auch in den Künsten, die ein feines Sensorium für gesellschaftliche Veränderungen besitzen und uns den Spiegel vorhalten. Das kann komisch sein wie in den Gedichten von Durs Grünbein, der sich in der Verlegenheit sieht, vor seiner Tochter rhetorisch Rabatz machen zu müssen, weil er meint, ihr sonst nichts offerieren zu können:

> »Verzeih mir. Dein Vater haut auf den Putz,
> Weil er sonst nichts zu bieten hat. Vor allem nicht diese Brust.«

Oder das kann tragisch sein wie in dem Roman *Das kurze Leben des Ray Müller*, in dem Ralph Bönt einen Mann beschreibt, der einmal ganz Vater sein möchte, aber gar nicht weiß, wie das geht und deshalb seinen Sohn durch sein fahrlässiges Verhalten tötet.[2]

Stets jedoch hat diese Orientierungslosigkeit gravierende Konsequenzen, denn der lange Schatten des abwesenden Vaters legt sich wie ein Bleigewicht auf das Leben aller. Wollen wir uns von diesem Joch befreien, brauchen wir eine angemessene Rollenbeschreibung, die zeigt, wie und was ein Vater heute sein könnte. Einen Vorschlag dazu lege ich hier vor. Damit reihe ich mich in die Tradition einer therapeutischen Philosophie ein, die immer dann auf den Plan tritt, wenn zentrale Institutionen fraglich werden und das gute Leben nicht mehr gelingen will. Ihre Aufgabe ist es, »das Glück wieder herbei zu reden und einen Baum des Glücks aufzustellen«, wie der Philosoph Peter Sloterdijk sagt.[3]

Mein Interesse ist jedoch nicht nur philosophischer Natur. Ich bin selbst Vater von zwei Töchtern – und, so Gott will, bald von dreien. Das Fehlen eines angemessenen Vaterbildes ist für mich also auch ein praktisches Problem. Umso erstaunter war ich, als ich bei der Recherche feststellte, dass die Philosophie zu einer zeitgemäßen Vaterrolle anscheinend wenig zu sagen hat. Es gibt zwar eine ganze Reihe von ideengeschichtlich-historischen Büchern zum Thema, wenn diese in der Gegenwart ankommen, werden ihre Auskünfte jedoch ausgesprochen knapp und vage.[4] Dieses Übergewicht des Historischen scheint mir für das Nachdenken über den Vater heute signifikant zu sein. Wir wissen gut darüber Bescheid, was der Vater früher gewesen ist. Was er aber heute sein könnte, das wissen wir nicht.

Dabei ist mir schon in den Vorarbeiten und in den Gesprächen, die ich mit Müttern und Vätern geführt habe, eine Klippe bewusst geworden, die nicht ganz leicht zu umschiffen ist. Wenn ich heute von den Rollen sprechen, die Vater und Mutter haben, kann das bei meinen Zuhörern die Vermutung wecken, ich würde eigentlich von den Rollen sprechen, die Männer und Frauen mit Kindern jeweils in ihren Familien spielen oder sogar spielen sollen. Diese Verwechslung von Rolle und Geschlecht liegt mir fern. Wenn ich von Vater und Mutter spreche, tue ich das vor dem Hintergrund einer idealtypischen Unterscheidung von komplementären Rollen, wie sie Psychologie und Gender-Forschung etabliert haben, und nicht, um festzulegen, welche Aufgaben Männer und Frauen erfüllen, geschweige denn erfüllen sollen.

Damit distanziere ich mich sowohl von den Versuchen, den Vater als *pater familias* in neuer Herrlichkeit wiederauferstehen zu lassen, als auch von den theoretischen Bemühungen, die Rollen von Vater und Mutter in einer geschlechtslosen Elternschaft aufzulösen. Beide fallen hinter das Unterscheidungsniveau zurück, das wir im Verständnis der kulturellen Codierung von Geschlechterrollen gewonnen haben. Während die Entdifferenzierung der Rollen meines Erachtens häufig dem Bedürfnis entspringt, die Festlegung von Männern und Frauen auf bestimmte Rollen dadurch zu vermeiden, dass man keine Unterscheidungen trifft, scheinen mir in der Restitution des alten Patriarchats nicht nur Borniertheit, sondern auch Verzweiflung am Werk zu sein. Denn die Reaktionäre verwechseln nicht nur die Rollen von Vater und Mutter mit denen von Mann und Frau, sie bedienen sich in der Beschreibung der Vaterrolle auch auf der Müllkippe patriarchaler Vorstellungen von der Familie und extremer Vorstellungen von Männlichkeit, die oft als Hypermaskulinität oder toxische Männlichkeit bezeichnet werden. Dazu gehören Härte und Stärke, Erfolg im Wettbewerb, Machtstreben, eine Verherrlichung von Gewalt und einer Abwertung von Frauen.[5]

Ich schlage vor, von beiden Extremen abzurücken: von den Vorstellungen extremer Männlichkeit und des Patriarchats wie auch von der Logik des Kapitalismus. Die mit dem Patriarchat verbundene Vorstel-

lung des Vaters als Vertreter des Gesetzes, der moralischen Ordnung, der
Vernunft, der Ökonomie – oder wie die großen Anderen alle heißen, von
denen er seine Autorität beziehen soll – verstellt uns den Blick auf die
Erfahrungen, die wir machen können, wenn wir in Familien zusammenleben. Und sie verhindern, dass die Väter geliebt, die Kinder erwachsen
und die Familienmitglieder miteinander glücklich werden. Außerdem
stehen sie den Ansprüchen von Männern auf ein emanzipiertes Leben
entgegen. Dazu gehört etwa, frei von Leistungsdruck heranwachsen zu
können, in ihrer Empfindsamkeit geschätzt und als Väter nicht von der
Familie aus Mutter und Kind getrennt zu werden, wie der Schriftsteller
Ralph Bönt in seinem *Manifest für den Mann* schreibt.[6] Diese Ansprüche
teile ich. Auch wenn ich die Vaterrolle nicht exklusiv als Männerrol-
le verstehe, glaube ich, dass das Fehlen einer angemessenen Vaterrolle
die Emanzipation von Männern behindert, etwa in der Weise, wie die
Dominanz einer bestimmten Mutterrolle die Emanzipation von Frauen
behindert.[7] Deshalb soll die hier vorgeschlagene Vaterrolle *auch* als ein
Vorschlag an Männer verstanden werden, die sich wie ich vom tradierten
Bild des Patriarchen emanzipieren, aber nicht einfach die Mutterrolle
kopieren wollen.

Dass Letzteres tatsächlich auch kontraproduktiv wäre, belegen die Er-
gebnisse der modernen Bindungsforschung, die vorführen, dass Kinder
idealerweise zwei verschiedene, komplementäre Bezugspersonen brauchen, um erwachsen zu werden: eine, mit der sie eine symbiotische Beziehung führen, und eine, die diese Beziehung in der Figur eines Dritten
öffnet; eine, die sie zur Welt, und eine, die sie in die Gesellschaft bringt.
Üblicherweise, und so verfährt auch die Bindungsforschung, nennen wir
die eine »Mutter« und die andere »Vater«. Dabei abstrahieren wir von
bestimmten Erfahrungen und spitzen eine Verhaltensweise extrem zu, um
sie im Sinne einer binären Codierung des Verhaltens von der anderen
Verhaltensweise unterscheiden zu können, die wir ihr idealtypisch ge-
genüberstellen. Viele Menschen, die im biologischen Sinne Mutter sind,
finden sich in dieser Rollenbeschreibung wieder, insofern sie die Erfahrung einer symbiotischen Bindung an ihr Kind teilen. Im Umkehrschluss

heißt dies allerdings nicht, dass Frauen mit Kindern, die diese Erfahrung nicht machen, keine Mütter sind, oder dass nur Frauen die Mutterrolle übernehmen könnten. Schließlich besteht diese in weit mehr als dem biologischen Vorgang, dass ein Kind im eigenen Körper heranwächst und aus diesem geboren wird. Außerdem entwickeln auch Menschen, die im biologischen Sinne Vater werden, eine symbiotische Bindung zum Kind – ein Vorgang, der sich auf der Ebene des Stoffwechsels beobachten lässt. So erhöht sich im Blut von Männern etwa der Spiegel des Bindungshormons Oxytocin, sobald sie wissen, dass sie Vater werden.[8] Auch Väter werden kuschelig und ich meine, dass eine angemessene Rollenbeschreibung für diese Erfahrung offen sein muss, wenn sie Vätern nicht den Blick auf das Leben verstellen soll.

In der Praxis unterscheiden sich die Vater- und die Mutterrollen also nicht so kategorial, wie ich sie der analytischen Klarheit halber beschreiben werde. Hier können die Rollen von Vater und Mutter aber als Leitunterscheidung dienen, um die verschiedenen Anforderungen, die die Kindererziehung an Eltern stellt, zu beschreiben. Mit Vater- und Mutterrolle bezeichne ich also verschiedene Codes, die Versorgung und Erziehung des Kindes zu organisieren – auch wenn sie in der Praxis weniger scharf differenziert auftreten.[9] Die unspezifische Rede von Eltern fällt hingegen hinter das von den Genderstudien etablierte Unterscheidungsniveau zurück. Wer so tut, als wären die Rollen von Vater und Mutter dieselben, verschleiert wichtige Unterschiede. Er ist in einer ähnlichen Weise ungenau wie jemand, der sagt, es gäbe nur Gemeinschaft und keine Differenzen im Hinblick darauf, wie diese Gemeinschaft organisiert ist. Wir wissen jedoch, dass das nicht stimmt. Eines der ältesten Strukturmodelle für eine Gemeinschaft ist (neben der Familie) die Brüderlichkeit. Sie liegt jeder Verbindung von mindestens zwei Menschen zugrunde, die sich gegen eine Dritte zusammenschließen, indem sie sie zur Feindin erklären. Das macht der älteste philosophische Text zum Thema deutlich, der in unserer Kultur überliefert ist, Platons Dialog *Lysis*. Platon spricht darin von der brüderlichen Gemeinschaft als einer Form der Freundschaft. So sagt Sokrates zu seinen Verbündeten »dass wir ihm freund sind wegen etwas dem wir feind sind. Würde aber dieses letztere fortgeschafft, so würden wir ihm, wie es scheint, nicht mehr freund sein.«[10]

Die Freunde verbrüdern sich gegen einen anderen; sie schließen sich zusammen, um diesen, dem sie feind sind, auszuschließen, und das macht sie zu Brüdern. Brüderlich zu sein heißt also, zwischen Freund und Feind zu unterscheiden. Es ist eine politische Operation, aus der eine bestimmte Form von Gemeinschaft hervorgeht. Eine lange Tradition des politischen Denkens meint sogar, die Unterscheidung von Freund und Feind sei die grundlegendste politische Operation überhaupt.[11]

Es ist aber nicht die einzige. Wir können uns auch eine andere vorstellen, zum Beispiel eine, die nicht über Ausschluss, sondern Einschluss operiert. Eine Gemeinschaft, die nicht auf der Abwertung basiert, sondern auf der Anerkennung, die sich nicht *gegen eine Andere* bildet, sondern *für etwas*. Beispiele dafür sind die Demonstration oder das Ereignis, zu dem Menschen zusammenkommen. Und so, wie wir sagen, dass sich diejenigen, die sich gegen jemanden zusammenschließen, verbrüdern, können wir in Abgrenzung davon sagen, dass sich diejenigen, die sich für etwas zusammenschließen, verschwestern. Über das biologische Geschlecht der Beteiligten ist damit nichts gesagt. Genauso wie sich Frauen verbrüdern, können sich Männer verschwestern.

Mit den Rollen von Vater und Mutter verhält es sich ganz ähnlich. Sie sind unterschiedliche Formen, die Erziehung der Kinder zu prägen. Während sich Brüderlichkeit und Schwesterlichkeit jedoch in ihren Gegensätzen ausschließen, sind die Rollen von Vater und Mutter komplementär. Und da sie komplementär sind, lassen sie sich im konkreten Verhalten von Menschen kombinieren oder treten gemeinsam auf, zum Beispiel bei Alleinerziehenden, denen in Ermangelung eines Dritten oft gar nichts anderes übrig bleibt, als beide Rollen zu übernehmen. Es sei denn, sie verfügen über ein größeres Umfeld von Personen, die sie bei der Versorgung und Erziehung ihrer Kinder unterstützen können. Diese Art, die Kinder gemeinsam zu versorgen und zu erziehen, ist viel älter als der relativ moderne Rückzug auf die Kernfamilie von Vater, Mutter und Kind und hat dem Menschen, wie die Anthropologie zeigt, massive evolutionäre

Vorteile gegenüber anderen Säugetieren verschafft, weil die Arbeit besser verteilt und die Geburtenrate stark erhöht werden konnte. Außerdem hatten auch diejenigen Gruppenmitglieder noch eine Aufgabe, die keine Kinder mehr gebären und keine Mammuts mehr erlegen konnten. Es gibt evolutionäre Anthropologen, die das als den Grund erachten, warum Menschen so alt werden und warum Babys so sympathisch lächeln. Die Alten leben noch, damit sie sich um die Kinder kümmern und die Babys lächeln, damit sich auch diejenigen um sie kümmern, die nicht mit ihnen verwandt sind.[12]

Womöglich hat sich diese anthropologische Erkenntnis auch Oma Lausch zu Herzen genommen, eine Figur aus Saul Bellows Roman *Die Abenteuer des Augie March*. Oma Lausch ist eine Witwe, die in der Nachbarschaft von Augie, seinen beiden Brüdern und seiner alleinerziehenden Mutter lebt und eines Tages bei ihnen einzieht, um die Familie zu unterstützen und selbst eine Aufgabe zu haben. Rechtlich gesehen ist Oma Lausch jedoch nur eine Untermieterin, wie Augie erklärt.

»Denn Oma Lausch gehörte nicht zu unserer Familie. Sie wurde von ihren zwei Söhne unterstützt, die in Cincinatti und in Racine, Wisconsin, lebten und deren Frauen keinen Wert auf die Anwesenheit ihrer Schwiegermutter legten. Diese, die Witwe eines mächtigen Geschäftsmanns aus Odessa [...], Oma also zog es vor, bei uns zu leben, weil sie so lange daran gewöhnt gewesen war, einen Haushalt zu führen, zu kommandieren, zu regieren, zu organisieren, zu bestimmen, zu planen und in all den Sprachen zu intrigieren, die sie beherrschte.«[13]

Für die Familie ist der Einsatz dieses »Nebenstraßen- und Nachbarschafts-Machiavellis« Gold wert und auch die Eltern, die ich kenne, machen vom *group breeding* gerne Gebrauch, wenn sie können.[14] Aber dass sich die Erziehung der Kinder unter glücklichen Umständen auf mehr als auf Vater und Mutter verteilt und dass keiner von ihnen unersetzbar ist, heißt nicht, dass wir die Rolle des Vaters nicht mehr analysieren müssten. Denn wir können etwas nur dann gut vertreten, wenn wir wissen, was es ist. Das gilt auch für die alleinerziehenden Eltern, die beide Rollen gleichzeitig spielen, sich in einer vertreten oder sie ausfallen lassen müssen. Wenn sie in diesem Essay nur selten thematisiert werden, dann nicht, weil ihnen eine marginale Bedeutung zukäme, sondern weil sich die Ausdifferenzierung von Mutter- und Vaterrolle in Familien mit zwei Elternteilen klarer beschreiben lässt.

Um die Vaterrolle so zu beschreiben, dass sie für die Zukunft taugt, müssen wir von der Logik des Kapitalismus abrücken. Das zeigen auch Versuche, die das Patriarchat aus dem Geist des Kapitalismus wiederauferstehen lassen wollen. Wenn wir nämlich ihre Argumentation konsequent zu Ende denken, führt sie nicht zu einer Auszeichnung der Vater-, sondern der Mutterrolle. Das liegt unter anderem daran, dass der Kapitalismus den Geschlechtern gegenüber indifferent ist. Ihm geht es darum, den Profit zu maximieren und dabei ist es ihm egal, ob sich das, was ausgebeutet wird, als Mann, Frau oder anderes darstellt. Die kapitalistische Auflösung der Geschlechterspannung (das heißt der gesellschaftlichen Erscheinungsform der biologischen Zweigeschlechtlichkeit) hat zum Teil positive Konsequenzen, etwa darin, dass sich geschlechtliche Identitäten etablieren können, die sich der binären Unterscheidung von Mann und Frau entziehen.[15] Sie hat mit Emanzipation als Befreiung jedoch nichts zu tun, denn sie befreit Menschen nicht von der wertenden Unterscheidung, sondern ersetzt lediglich die geschlechtliche Unterscheidungslogik männlich/weiblich durch die kapitalistische Unterscheidungslogik rentabel/unrentabel. Dadurch entsteht ein neues Leiden und dieses Leiden befeuert Regressionsphänomene wie die restaurative Vaterherrlichkeit oder die neue Mütterlichkeit.

Der wichtigste Grund, von der utilitaristischen Logik des Kapitalismus abzurücken, besteht jedoch darin, dass eine Erziehung der Kinder, die allein im Sinne einer solchen Logik erfolgt, den Nachwuchs nicht für die Herausforderungen wappnet, welche die Zukunft bereithält. Denn die Logik des Kapitalismus hilft uns zwar, Knappheit zu regulieren, nicht aber, mit Verlusten umzugehen. Sie fördert ein Konkurrenzstreben auch da, wo es Kooperation bräuchte, und sie bindet unser Handeln in ein enges Netz von Interessen und Wettkämpfen ein, das es uns nicht erlaubt, die einzelnen Vollzüge unseres Handelns zu übersteigen, Mittel und Zwecke gegeneinander abzuwägen und unser Leben als ein Ganzes aufzufassen. Genau das bräuchte es jedoch, um den Veränderungen zu begegnen, die sich bereits ankündigen. Ich denke dabei etwa an die globale Erwärmung oder den Verlust der Hegemonie des Westens und des gewohnten Wohlstands. Diese Entwicklungen fordern von uns, mit Verlust umzugehen, Verminderung zu verkraften und Verzicht zu üben.

Die Logik des Kapitalismus zwingt uns hingegen, immer schneller und weiter nach vorne zu leben, ohne auf das Ende zu blicken. Sie verdammt uns zu einer Beschleunigung ohne Ziel. Dem entspricht ein Ideal des singulären, schönen und maximal erfüllten Lebens, das wir nur vom Anfang her betrachten und über dessen Ausbeute wir letztlich immer enttäuscht sein müssen. Das Leben als Goldmine, die es auszubeuten gilt.[16] Wer sein Leben nur in der Steigerung erfasst, kann weder mit Verlusten umgehen noch Verzicht üben. Diese Aufgaben hält allerdings nicht nur jeder biographische Verlauf bereit, sie werden uns in Zukunft auch als Gesellschaft abverlangt werden. Wo aber könnten wir den Umgang mit entsprechenden Erfahrungen einüben, wenn die Logik des Kapitalismus und unser Ideal vom maximal erfüllten Leben sie ausschließen? Ich schlage vor, dass sich in der Figur des Vaters ein Ort für diese Auseinandersetzung findet, denn ich glaube, dass es eine Aufgabe der Väter ist, den Umgang mit Verlust und Verzicht wieder in unser Leben zu integrieren. Ebendas macht sie zu Vätern der Zukunft.

Väter profitieren dabei von der funktionellen Sonderstellung der Familie innerhalb der Gesellschaft, das heißt vor allem davon, dass sie zwar immer noch stark mit anderen Funktionssystemen der Gesellschaft verbunden ist und die primäre Sozialisation der Kinder leistet. Die Familie ist jedoch kein Abbild der Gesellschaft im Kleinen mehr, wie das in segmentären oder patriarchalen Gesellschaften der Fall gewesen ist.[17] Deshalb kann sie einer anderen Logik als der des Profits folgen und einem anderen Ideal als dem der Singularisierung und Maximierung, deshalb kann sie eine andere Moral als die des Gesetzes etablieren und einen anderen Blick auf das Leben.

Dieser Blick übersteigt die konkreten Handlungsvollzüge und nimmt das Leben als Ganzes in den Blick. Damit unterstützen die Väter der Zukunft die Herausbildung einer Ordnung des Herzens, die uns motiviert, zu verwirklichen, was wir lieben, und zu lassen, was wir nicht ändern können. Die Väter der Zukunft sind furchtlose Gesellen, sie halten sich nicht an Recht und Ordnung (das ist nur etwas für Angsthasen), sondern ihre Nasen in den Wind. Sie blicken sehenden Auges in den Abgrund und vertreten das Ethos von Artisten. Nicht etwa trotzdem, sondern gerade dadurch machen sie aus ihren Kindern halbwegs anständige Menschen, die den Herausforderungen der Zukunft nicht nur mit der Hoffnung auf Wachstum und einer Erweiterung der Optionen begegnen können, sondern auch mit Demut und Verzicht, weil sie erkannt haben, dass das gute Leben nicht unbedingt das schöne Leben ist, aber dass das schöne Leben nur als gutes Leben genossen werden kann. Dies alles folgt nicht aus moralischen oder politischen Vorannahmen, sondern allein aus der Übertragung der Geschlechterspannung zwischen Vater und Mutter auf die Grundspannung des Lebens, das sich zwischen Geburt und Tod, Leben und Sterben erstreckt. Wenn es stimmt, dass der Essay, wie Robert Musil sagt, »die einmalige und unabänderliche Gestalt [ist], die das innere Leben eines Menschen in einem entscheidenden Gedanken annimmt«, dann ist der Gedanke, mit dem ich mich auf das offene Meer hinauswage, der, dass wir von der Mutter zu leben lernen und vom Vater zu sterben.[18] Das Sterben lernen aber ist eine fröhliche Wissenschaft.

Kapitel 2

Die Abwesenheit des Vaters lastet
wie Blei auf dem Leben

Die Vorgeschichte des abwesenden Vaters ist lang. Ich werde mich im Folgenden auf einige der wichtigsten Wegmarken und Einflussgrößen beschränken. Entsprechend grob muss mein Pinselstrich sein.

Einer der wichtigsten Gründe dafür, dass wir heute nicht mehr wissen, was ein Vater ist, ist die Erosion des klassischen Vaterbildes nach der französischen Revolution, in der mit dem König auch der Vater geköpft wurde, der diesen zu Hause vertrat. Was im Staat der König ist, so schrieb der deutsche Aufklärer Christian Wolff 1721, das ist in der Familie der Vater. Der eine sorgt für die Wohlfahrt und Sicherheit des Volkes, der andere für die seiner Familie.[1] Dabei leitete sich die Autorität des Königs davon ab, dass er Gott vertrat, und die des Vaters, dass er den König vertrat. Die Analogie verlief aber auch andersherum. Der Vater war nicht nur ein kleiner König, sondern die Könige waren auch die »Väter von Familien« und Gott war der »Herr über die Kinder und Kindeskinder aller Generationen«, wie zum Beispiel der englische Jurist Robert Filmer behauptete.[2] Nachdem sich jedoch die Demokratie oder – wie der englische Konservative Edmund Burke (1729–1797) schrieb: – die »französische Krankheit« wie die Syphilis in Europa verbreitet hatte, wurden nicht nur die Könige vollständig entmachtet, sondern auch die Väter ins Exil geschickt.

Eines dieser Exile, in dem der Vater bis heute haust, ist das Berufsleben. Nach dem deutschen Mikrozensus von 2017 sind nur 34 Prozent der Mütter im Alter zwischen 18 und 64 Jahren in Vollzeit tätig, während dies für 94 Prozent der gleichalten Väter gilt. Dieser Beschäftigung wird größtenteils nicht zu Hause nachgegangen, wo Väter in ihrer Arbeit der Familie und vor allem den Kindern präsent wären, sondern an weit entfernten Orten, was diesen Lebensbereich der Sichtbarkeit entzieht. Arbeitswelt und Familienleben sind meistens getrennt.[3]

Mit der Verbannung in das berufliche Exil wurde der Vater nicht nur aus der Familie entfernt, er verlor auch eine zentrale Vorbildfunktion. Solange er – etwa in einer bäuerlichen Gesellschaft – vor den Augen seiner Kinder und mit ihnen zusammengearbeitet hatte, konnte er ihnen in dieser Arbeit ein Beispiel dafür geben, wie die Anforderungen des Lebens bewältigt werden können. Der Vater führte in seiner Arbeit vor, wie das Leben gelingt. Ein sehr altes, sehr liebevolles Beispiel dafür gibt der mittelhochdeutsche Dichter Wernher der Gärtner in seinem Versepos *Helmbrecht* aus dem frühen 15. Jahrhundert. »Lieber Sohn«, spricht der Vater zu seinem Kind, das ihn verlassen will, »führ du mir den Ochsen, wenn ich pflüge, oder pflüge und ich führe dir den Ochsen. So bebauen wir das Land. Und kommst du einst in die Grube, wird es mit guten Ehren sein wie bei mir selbst.«[4]

Allerdings stützt sich diese Vorbildhaftigkeit des Vaters auf die Annahme einer festen Ordnung der Welt, die der Vater vertritt und in die er seine Kinder einführt, beispielsweise durch die Arbeit. »Deine Ordnung ist der Pflug«, sagt der Vater zu seinem Sohn, als dieser aufbegehrt.[5] Damit weist er nicht nur dem Kind seinen Platz zu, sondern verteidigt auch die Vorstellung einer hierarchischen Weltordnung, in der alles und jeder von oben her platziert wird. An der Spitze dieser Kosmologie steht Gott, weiter unten steht der Vater und auf halbem Weg dazwischen residiert der König. So wie Gott die Ordnung der Welt im Großen bewahrt, bewahrt sie der Vater im Kleinen, in der Familie. Er ist eine Abbreviatur des Kosmos.

In dem Maße, in dem die Glaubwürdigkeit dieser Kosmologie schwindet, erodiert auch die Vorbildfunktion des Vaters darin. Dass es heute für Väter viel schwieriger ist, mit ihrer Arbeit Vorbilder dafür zu sein, wie das Leben gelingt, ist also nicht nur den Veränderungen geschuldet, die die moderne Arbeitswelt mit sich brachte, sondern auch einer gewissen Unübersichtlichkeit, die daraus resultiert, dass wir uns nicht mehr so einfach an Gott als Zentralgestirn orientieren. Walter Lippmann hat für diese Orientierungslosigkeit nach dem monarchischen Patriarchat den Begriff der *drift* gefunden. »Wir haben«, so der Berater des amerikanischen Präsidenten am Vorabend des Ersten Weltkrieges, »die Autorität verloren. Wir sind emanzipiert von einer geordneten Welt. Wir driften [...]. Wir sind heimatlos [...]. Kein Seemann wagt sich je auf ein Meer hinaus, das ihm so unbekannt ist wie das Gebiet, in das der Durchschnittsmensch des 20. Jahrhunderts hineingeboren wird.«[6]

In einer Welt ohne Vater verlieren wir die Orientierung. Darauf hat schon der englische Philosoph Anthony Ashley Cooper, Earl of Shaftesbury, um 1700 hingewiesen, als er sich in Anbetracht der großen Verunsicherung, die die frühe Neuzeit mit der Auflösung eines geschlossenen und theologisch fundierten Weltbildes ergriff, vorstellte, wie grausam und zerrüttet das Leben in einer »vaterlosen Welt« wäre, weil ihr die »Beziehung auf das Ganze« und die soziale Ordnung fehlten.[7] An diesen Befund schließt eine lange Tradition von politischen Denkern an, die die Demokratie als eine orientierungslose und verdorbene Gesellschaft vaterloser Brüder beschreiben, während später dann eine Reihe von Psychologinnen die existenzielle Verunsicherung in einer »vaterlosen Gesellschaft« ausarbeiteten.

Mit dem Verlust des Patriarchats gingen eine Reihe zivilisatorischer Errungenschaften verloren, die vom Vater verbürgt worden waren und heute zunehmend vermisst werden. Dazu gehört zum Beispiel die Einsicht, dass wir alle aufeinander angewiesen sind und kooperieren müssen, wenn wir als Gesellschaft überleben und nicht in einen Kriegszustand verfallen wollen, in dem jeder gegen jeden kämpft und auch der Stärkste getötet werden kann.[8] Max Horkheimer war einer der ersten, der darauf hingewiesen hat. Mit der Macht des Vaters, so konstatierte der Soziologe kurz nach Ende des Zweiten Weltkriegs, verschwand nicht nur die Wertschätzung der Familie, sondern auch eine ganze Reihe von Einstellungen, die für unser Zusammenleben in der Gesellschaft und den »Zusammenhalt unseres kulturellen Systems [...] unerbittlich notwendig« seien, allen voran die Einsicht in die »unmittelbare Abhängigkeit« unseres Lebens von der Gesellschaft.[9]

Vaterlosigkeit und Asozialität sind eng miteinander verbunden. Das liegt nicht nur am Siegeszug des modernen Individualismus und das heißt vor allem der Selbstsucht und Ichbezogenheit, zu denen er die Menschen erzieht, sondern auch an der verstärkten Enthemmung und Verantwortungslosigkeit, die daraus resultiert, dass die Bande der Generationen genauso aufgelöst worden sind wie der soziale Kitt der Gemeinschaft, die die Familien und Väter jahrhundertelang bereitgestellt haben. »Nach uns die Sintflut«, ist das Motto der »schrecklichen Kinder der Neuzeit«, die wie der französische Revolutionär Maximilien de Robespierre keine Väter mehr kennen, sondern nur noch Individuen. Sie glauben, sie hätten sich alles selbst zu verdanken und daher das Recht, die Welt in einem großen Gelage zu verprassen. Es gibt nur noch die Einzige und ihr Eigentum.[10]

Das ist der Standpunkt von Konsumentinnen, die vergessen, dass Menschen keine Schmetterlinge sind, bei denen eine Generation mit einem Tage geschlossen abtritt und die nächste an einem weiteren Tag auftritt, sondern dass wir uns »in einem unaufhörlichen Fluss befinden«. Das macht die Generationen voneinander abhängig – und weil sie voneinander abhängen, sind sie füreinander verantwortlich. Daran hat schon der schottische Philosoph David Hume (1711–1776) die französischen Revolutionäre erinnert und darauf weisen uns heute die *Fridays for Future* hin.[11]

Vaterlosigkeit unterstützt jedoch nicht nur die Etablierung des Konsumentenstandpunkts, sondern auch das Ideal der »harten Männlichkeit« und die Renaissance des soldatischen Typs, die heute wieder zu beobachten sind. Das wird dort deutlich, wo die Auffassung vom Mann als Krieger und hartgesottenem Kämpfer propagiert wird, wir es bei näherem Hinsehen aber mit sozialen Krüppeln zu tun haben, die ohne Vater aufgewachsen sind. Ganz ohne Umschweife führt das etwa Chuck Palahniuk in seinem Roman *Fight Club* von 1996 vor, der schildert, wie ein junger Mann unter den Belastungen des modernen Berufslebens eine psychotische Störung entwickelt, die dazu führt, dass er sich einen (für die anderen unsichtbaren) Freund einbildet, den er Tyler nennt. Er spaltet seine Persönlichkeit in diese beiden Figuren auf, ist mal der eine und mal der andere, und erschafft sich so in der Wahnvorstellung den Dritten, der ihm fehlt, weil er ohne jemanden aufgewachsen ist, der für ihn die Vaterrolle übernommen hätte. Mit diesem Dritten gründet er einen Club, in dem Männer sich prügeln, um dem Druck der Zivilisation zu entfliehen – den Fight Club. Der Roman ist mit Edward Norton und Brad Pitt in den Hauptrollen verfilmt worden und gilt seither als Referenzstück für die Etablierung einer neuen und vermeintlich echten, das heißt unkorrumpierten, Männlichkeit.[12] Dabei wird jedoch nicht nur übersehen, dass keiner der Männer, die hier kämpfen, glücklich ist, sondern auch, dass es ihnen bald nicht mehr reicht, ihre Aggressionen mit verabredeten Prügeleien zu bewältigen: »Wir werden die Zivilisation zerstören, damit wir etwas Besseres aus dieser Welt machen können«.[13] Das aber ist das Motto von Amokläufern.

Was ihnen an der Welt, in der sie leben, nicht gefällt, ist *grosso modo* dasselbe, was auch anderen nicht gefällt, die unter der kapitalistischen Ordnung leiden. Was sie aber von den anderen, die nicht Amoklaufen, unterscheidet, ist, dass sie ohne Väter aufgewachsen sind.

> »Tyler hat seinen Vater nie gekannt.
> Vielleicht ist Selbstzerstörung die Antwort.
> [...]
> Ich selbst habe meinen Vater sechs Jahre lang gekannt, aber ich kann mich an nichts erinnern. Mein Dad fängt ungefähr alle sechs Jahre in einer neuen Stadt eine neue Familie an. Das hat nicht viel mit Familie zu tun, es ist eher so, als wenn er eine Franchise-Firma aufbaute.
> Was du beim *Fight Club* triffst, ist eine Generation von Männern, die von Frauen aufgezogen wurde.«[14]

Der Amokläufer, das zeigen auch Berichte über entsprechende Straftäter, ist meist ein vaterloser Geselle – also jemand, dem gegenüber die Vaterrolle (von wem auch immer) nicht im ausreichenden Maße gespielt worden ist. Dabei scheint ein bestimmtes Regime der Selbstverhärtung am Werk zu sein, das dazu führt, dass derjenige, der sich ihm unterwirft, auf Kränkungen und Enttäuschungen und überhaupt auf die Erfahrungen der Misshandlung und des Verlusts, die wir im Zuchthaus des Lebens alle machen, nicht anders reagieren kann als mit Gewalt. So entsteht ein soldatischer Typ des Mannes. Seine äußere, durch Drill und Zucht erworbene Verhärtung verdeckt seine innere Zerrissenheit, Grund- und Substanzlosigkeit. Er bildet kein »Ich« aus. Er wird, wie es Klaus Theweleit in *Männerphantasien* ausgedrückt hat, »nicht zu Ende geboren«, sondern verbleibt in dem Vorstadium, in das ihn die Geburt durch die Mutter entlassen hat. Die Geburt als soziales Wesen, die, so Theweleit, mit dem Vater vollzogen wird, findet nicht statt. Und das führt zu Kompensationen.[15] »An die Stelle des ›Ichs‹ treten gesellschaftliche Organisationsformen. Das sind Institutionen wie das Militär oder die Partei, die unbedingten Gehorsam fordern; aber auch habitualisierte Verhaltensweisen wie Disziplin und Ordnungszwang«.[16] Was der Mensch verdrängt, kehrt jedoch wieder und zwar so, dass er es begehrt. Das ist eine alte Pointe der Psychoanalyse. Für den soldatischen oder, wie Theweleit auch sagt, »faschistischen Mann«, bedeutet das, dass er nicht nur alles Weiche, Unbestimmte und Fließende in sich selbst begehrt, das die eigene Härte ihm verbietet, sondern auch, dass er, der nie vollständig geboren wurde, sich letztlich selbst vernichten will. In diesem Sinne schreibt der neu-rechte Autor »Raskolnikow« in *Der Weg der Männer*, für echte Männer sei nichts besser und ehrenvoller, als für ihre Sache zu sterben. »Für uns ist das Opfer die ultimative Tat. Die vollkommene Hingabe, die nicht nur gut ist, sondern absolut männlich.«[17] Die »harten Männer« oder *tough babys,* wie Horkheimers Kollege Theodor W. Adorno sie nennt, führen vor, welche Konsequenzen es hat, wenn diese zweite, soziale Geburt nicht erfolgt und der Mensch nicht zu Ende geboren wird. Wir bekommen es dann mit der schlimmsten Art von Muttersöhnchen zu tun: mit Faschisten und Amokläufern.[18]

Dabei ist diese Selbstabhärtung kein rein männliches Phänomen und kein politischer Sonderfall. Sie wird mittlerweile vielmehr von jedem homo oeconomicus gleich welchen Geschlechts verlangt. Wer im täglichen Wettbewerb bestehen will, muss sich einem strengen Regime der Disziplinierung und Selbstbeherrschung unterwerfen, das ihm alles Schwache, Fließende und Stockende – kurz: alles Ineffiziente – in einer ähnlichen Weise austreibt, wie es das Soldatische mit dem Weiblichen im Mann getan hatte und tut. In die Reihe der aggressiven Asozialen, die aggressiv und asozial sind, weil ihnen der Vater fehlt, gehören auch die Schulhofschläger und -schlägerinnen und überhaupt all diejenigen, die andere mobben – und das sind nicht nur Jungs und Mädchen, sondern auch erwachsene Frauen und Männer. In ihnen zeigen sich die Parallelen zwischen dem soldatischen, also verhärteten Typ eines Erwachsenen und dem psychotischen Kind. Und wenn wir uns die Aggression und die Niedertracht vor Augen führen, die den alltäglichen Umgang genauso prägen wie Kommentarspalten der sozialen Netzwerke und Medien, sehen wir, dass auch viele Erwachsene nicht erwachsen geworden, sondern das psychotische Kind geblieben sind, als das sie ihr abwesender Vater zurückgelassen hat.

In den USA heißen diese Schulhofschlägerinnen und -schläger *bully* und ihr Prototyp ist Donald Trump. Der amerikanische Schriftsteller David Shields hat Trumps Kindheit und Jugend untersucht und führt vor, wie sich seine Aggressionen gegen andere als Vergeltungen für die Verletzungen verstehen lassen, die er als Kind erlitten hat – die Abwesenheit des Vaters, dessen Desinteresse am jungen Donald, die Beziehungslosigkeit zwischen den beiden, und der Drill, dem der Junge ausgesetzt war und den er exzellent parierte (auf der Militärschule, die er besuchte, gewann er eine Medaille für den saubersten Spind). »Unsere Beziehung«, so Trump über seinen Vater, »war beinah geschäftsmäßig«. Und sein Ghostwriter Tony Schwartz meint: »Trump hatte das Gefühl, in einen Krieg gegen die Welt ziehen zu müssen, um zu überleben. Es war ein Nullsummenspiel für ihn. Entweder du dominierst oder du unterwirfst dich. Entweder du versetzt andere in Angst und beutest diese Angst aus oder du unterwirfst dich deiner eigenen Angst. Letzteres, dachte Trump, habe sein älterer Bruder getan, [der zum Alkoholiker wurde, an Alzheimer erkrankte und früh verstarb]. Diese enge und defensive Sicht auf die Welt ergriff Trump schon in sehr jungen Jahren und sie ist nie verschwunden.«[19]

Auch bei Trump hat die Vernachlässigung durch den Vater dazu geführt, dass sich seine soziale Geburt nicht vollziehen und kein Ich ausbilden konnte. Die gesellschaftliche Organisationsform, die für Trump an seine Stelle tritt, sind die Medien, um deren Liebe er ringt wie ein vernachlässigtes Kind um die Zuneigung seines Vaters, und der wirtschaftliche Erfolg. Skrupellose Geschäfte machen, den anderen über den Tisch ziehen und dafür bejubelt werden, das ist die zeitgenössisch am weitesten verbreitete Form einer Asozialität, die daraus resultiert, dass die soziale Geburt des Kindes nicht stattfindet, weil mit dem Vater auch zentrale soziale Errungenschaften verloren gehen. Allerdings ist diese Abhärtung der Kinder für den wirtschaftlichen Erfolg genau das, worin viele Väter auch heute noch ihre vordringlichste Aufgabe sehen. Und wer wollte ihnen das verdenken? Schließlich ist es genau die Sozialisation, die unsere Kultur verlangt. Der von Horkheimer beklagte Verlust sozialer Errungenschaften ist also nicht nur das Resultat eines Verschwindens der Väter, sondern eines allgemeinen gesellschaftlichen Wandels: der fortschreitenden Durchsetzung des Kapitalismus. Er zwingt die Einzelnen in einen immer stärkeren Konkurrenzkampf miteinander, weil die Geldwirtschaft alles Handeln einem ökonomischen Kalkül unterwirft und dabei alle anderen Symbolsysteme zersetzt, die ein soziales Handeln motivieren könnten, wie etwa eine Religion oder eine Moral. Der Soziologe Niklas Luhmann hat das die symbolische und diabolische Generalisierung des Geldes genannt.[20] Ihr fällt die sozialisierende Funktion des Vaters zum Opfer, und das umso mehr, umso stärker er sich diesem Regime unterwirft.

Das bedeutet im Umkehrschluss, dass sich die Väter der Zukunft der Logik des Geldes entziehen müssen, wenn sie ihre Aufgabe, das soziale Wesen zur Welt zu bringen, ernst nehmen – zumindest insoweit, als das kapitalistische Regime den Kinderseelen eine Verhärtung abverlangt, die sie mitunter asozial, aggressiv und gefährlich macht. Vaterlosigkeit bezeichnet also im weiteren Sinne eine misslungene Sozialisation der Kinder, die es verängstigt zurücklässt. Sie sind zwar zur Welt gekommen, stehen dieser jedoch beziehungslos gegenüber. Sie finden sich in ihr nicht zurecht und fühlen sich bedroht, heimatlos und ausgesetzt. Sie driften. Sie bilden weder eine stabile eigene Persönlichkeit aus, noch gewinnen sie eine Beziehung auf ein Ganzes, sei dieses Ganze eine kosmologische Ordnung oder sei es nur eine Form von Gemeinschaft. So können sie Kränkungen und Verluste, die sie erfahren, nicht verwinden. Sie härten sich ab. Sie verschließen sich und unterdrücken alles Empfindliche in sich, auch das Empfindsame und Mitfühlende. So entstehen Psychopathen, mitleidlose Krieger im Kampf gegen die Welt. Steigt der Druck, muss jemand geopfert werden, sie selbst oder die anderen. Denn ihre Antwort heißt Zerstörung. Das sind die Reaktionen der einsamen Spitzen. Hier hausen die soldatischen Helden und die Amokläufer. Dazwischen rangieren die Bullys. Und dass sich so viele Menschen in einem Bully wie Trump wiederfinden, gibt einen Hinweis darauf, wie viele es sind, die ähnlich fühlen. Sie haben Angst. Deshalb lehren sie andere das Fürchten. Sie sind verletzt worden und das zahlen sie anderen heim. Sei es mit Faustschlägen und Hänseleien auf dem Schulhof, sei es mit Politik und Twitter-Nachrichten aus dem Weißen Haus oder wo immer sie Macht haben.

Gerade Letzteres ist jedoch kein rein männliches Phänomen und wenngleich der Zusammenhang zwischen Vaterlosigkeit und Asozialität vor allem mit Blick auf die Söhne erforscht worden ist, gilt er jedoch auch zwischen Vater und Tochter. Allerdings ist dann meist weniger von Rüpeln die Rede als von Borderlinerinnen. Auch sie wurden »nicht zu Ende geboren« und auch hier äußert sich das in einer mangelnden Individuation der Betroffenen. Auch sie sind fragmentarisch. Sie haben Schwierigkeiten, ein positives oder überhaupt zusammenhängendes Selbstbild zu entwickeln und ihre Emotionen zu regulieren, und auch sie versuchen, dem Leiden, das daraus resultiert, durch Tötung zu entkommen. Anders als bei den faschistischen Amokläufern richten sich ihre Aggressionen jedoch zunehmend gegen sie selbst – allerdings nicht ausschließlich. Das führt David O. Russells Tragikomödie *Silver Linings* vor, deren Figuren in der psychologischen Fachliteratur vielfach als Beispiele für Menschen mit Borderline genannt werden.[21] Tiffany, eine der weiblichen Hauptfiguren, richtet ihre Gewalt vor allem in selbstzerstörerischen Akten gegen sich selbst; Pat, ihr männlicher Gegenpart vor allem gegen Dinge und gegen andere. Dabei sind Pats Störungen auch ein Erbe seines Vaters, eines sportbesessenen Neurotikers, der im Stadion seines Vereins, den Philadelphia

Eagles, Hausverbot hat, seit er dort mehrere Zuschauer krankenhausreif geschlagen hat. Jede der Figuren zeigt eine unvollständige, fragmentarische Persönlichkeit. Alle fühlen sich fremd und heimatlos in der Welt, haltlos, gefährdet und gedemütigt, und versuchen, das erfahrene Leid in Aggressionen auszuagieren, sei es gegen sich selbst oder gegen andere.

Die Mutter bringt das Lebewesen zur Welt, der Vater das soziale Wesen

Jeder Mensch wird zweimal geboren: als biologisches Wesen durch die Mutter, als soziales Wesen durch den Vater. Diese Erkenntnis ist ein Erbe der Psychoanalyse, die das Patriarchat neu erfindet, nicht mehr als monarchisch-religiöses, sondern als bürgerlich-medizinisches – und das heißt auch als eines, in dem die Autoritäten letztlich beliebig sind. Dabei gehen diese in der Nachfolge Freuds entstandenen und konkurrierenden Theorien über die seelische Entwicklung des Menschen davon aus, dass es eine symbiotische Beziehung zwischen Mutter und Kind gibt und das Kind den Vater braucht, um daraus auszubrechen. Nur so bildet es ein stabiles Ich aus. Tut es das nicht, versucht das Kind entweder, in die Symbiose mit Ersatzmüttern zurückzukehren – hier wurzeln die Sehnsucht der soldatischen Männer, sich mit großen Organisationen wie dem Vaterland, der Partei, dem Verein oder der medialen Öffentlichkeit zu verbinden –, oder es zieht in den Krieg mit der Gesellschaft oder gegen sich selbst.

Diese Fehlentwicklungen resultieren daraus, dass ein Kind, das nur durch seine Mutter zur Welt gebracht wurde, an diese gebunden ist. Ihm fehlt Autonomie. Die symbiotische Beziehung zwischen Mutter und Kind führt jedoch dazu, dass das Kind eher einer Pflanze oder einem Haustier gleicht als einem Menschen. Denn »die Macht der Mutter über das Kind, in seinen frühen Stadien, ist absolut, nicht nur, weil sein Leben von ihr abhängig ist, sondern weil sie auch selbst den stärksten Drang verspürt, diese Macht unaufhörlich auszuüben«, so der Schriftsteller Elias Canetti über die Mutter in ihrer nährenden Funktion. Weiter heißt es bei Canetti:

»Die Kontinuität dieser Herrschaft, mit der sie Tag und Nacht beschäftigt ist, die ungeheuerliche Zahl von Details, aus denen sie sich zusammensetzt, geben ihr eine Vollkommenheit und Rundheit, wie sie keiner anderen Art von Herrschaft eignet. Sie beschränkt sich nicht auf die Erteilung von Befehlen, die anfangs gar nicht verstanden werden könnten. Sie bedeutet, daß man ein Geschöpf gefangenhalten kann, wenn auch in diesem Fall wirklich zu seinem eigenen Nutzen; daß man – ohne zu begreifen, was man tut – weitergeben kann, was man vor Jahrzehnten selber unter Druck empfangen und als unzerstörbaren Stachel zurückbehalten hat; daß man *wachsen* machen kann, etwas, was einem Herrscher nur durch künstliche Rangerhöhung gelingt. Für die Mutter vereinigt das Kind die Eigenschaften von Pflanze und Tier. Es gestattet ihr den Genuß von Hoheitsrechten, die der Mensch sonst getrennt ausübt: über Pflanzen, indem er sie zum Wachstum veranlaßt, so wie er sie haben will; über Tiere, die er gefangenhält und deren Bewegungen er kontrolliert. Das Kind wächst wie Korn unter den Händen der Mutter heran; wie ein Haustier vollführt es die Bewegungen, die sie ihm erlaubt; es nimmt ihr etwas von den alten Befehlslasten ab, an denen jedes gesittete Geschöpf schwer trägt; und es wird außerdem ein Mensch, ein neuer und voller Mensch, für dessen Zubringung die Gruppe, in der sie lebt, ihr immer zu Dank verpflichtet bleibt. Es gibt keine intensivere Form von Macht.«[22]

Insofern die Versorgung eines kleinen Kindes mit der peniblen Kontrolle der Mahlzeiten, der Bewegung und der Sauberkeit einhergeht, ist sie tatsächlich mit der Pflege einer sehr empfindlichen Pflanze oder eines sehr zarten Tiers vergleichbar. Ich finde die Zuspitzung, mit der Canetti der Mutter ein Hochgefühl der Macht unterstellt, ebenso befremdend wie bemerkenswert. Ich selbst kenne es nicht, weder als Kind noch in der Versorgung meiner Kinder. Sie waren mir aber auch nie so ausgeliefert, wie Canetti es beschreibt, weil meine Frau und ich uns die Versorgung der Babys *grosso modo* geteilt haben (sie die Nächte, ich die Tage) und weil sie von ihrer Mutter gestillt wurden. Andere Männer und Frauen, die gegenüber ihrem Kind die Funktion einer Amme innegehabt hatten und denen ich diese Beschreibung vorlas, bestätigten, das beschriebene Gefühl der Macht zu kennen. Sie sagten jedoch, es nicht mit Genuss, sondern mit Schrecken erlebt zu haben. Die Einzigen, die Canettis Insinuation eines Hochgefühls der mütterlichen Macht teilten, waren Menschen, die sagten, sie hätten als Kind unter der Herrschaft ihrer Mutter gelitten. Inwieweit das bei Canetti auch der Fall war, wissen wir nicht. In der Autobiographie seiner Kindheit, *Die gerettete Zunge*, schildert er seine Mutter zwar als dominante Person und als einzige Bezugsperson, es wird aber auch deutlich, wie er eine Position auf Augenhöhe gewinnt, indem er den toten Vater nach und nach bei ihr vertritt. Dieses dialektische Verhältnis zeigt sich auch im Hinblick auf das Erlernen der deutschen Sprache (oder eben Zunge), das der Autobiographie den Titel gibt, und das die Mutter dem Sohn mit äußerster Härte aufzwingt: »So zwang sie mich in kürzester Zeit zu einer Leistung, die über die Kräfte jedes Kindes ging, und daß es ihr gelang, hat die tiefere Natur meines Deutsch bestimmt, es war eine spät und unter wahrhaftigen Schmerzen eingepflanzte Muttersprache.«[23] Mit ihrer Beherrschung eröffnet sich ihm jedoch auch ein Feld, auf dem er seiner Mutter bald gleichberechtigt begegnet: die Literatur. Die Welt der Bücher übernimmt hier die Rolle des Dritten, die die symbiotische Beziehung zwischen Mutter und Kind aufbricht und dem Kind den Weg in die Individuation und Sozialisation eröffnet.

Mithin, und das ist der zweite Aspekt, der an Canettis Beschreibung auffällt, glückt die Menschwerdung des Kindes und seine Zubringung in die Gruppe unter dem alleinigen Regime der Mutter als Amme nicht. Vielmehr muss die symbiotische Beziehung zu ihr aufgebrochen werden. Das meint meist eine Trennung von der Mutter, die nur durch einen Dritten geschehen kann, den Vater (wobei das eben nicht der biologische Vater sein muss). Indem dieser sich dem Kind als Bezugsperson anbietet, öffnet er die Mutter-Kind-Dyade in ein Dreieck, das es dem Kind ermöglicht, sich von der Mutter abzunabeln und so eine eigenständige Person zu werden. Und erst als eigenständige Person besetzt das Kind einen vollen Platz in der Gemeinschaft, denn erst als eine solche kann es den Regeln und Gesetzen, der Kultur und dem Ethos der Gruppe untergeordnet und für sein Tun zur Rechenschaft gezogen werden bzw. sich selbst rechtfertigen. Bei Orchideen oder Pudeln ist das nicht möglich. Die Mutter bringt in dieser Perspektive das Lebewesen zur Welt, der Vater das soziale Wesen. Dabei ist diese Menschwerdung durch den Vater in einem doppelten Sinne zu verstehen, denn unter seiner Hand wächst das Kind nicht nur zum Individuum heran, sondern auch zum Mitglied der Gemeinschaft und es erwirbt die entscheidenden sozialen Fähigkeiten, um in dieser Gemeinschaft zu leben. Viele Psychoanalytiker meinen, dass die Sozialisation des Kindes dadurch geschieht, dass der Vater es mit den Gesetzen und der kulturellen Ordnung konfrontiert und dazu bringt, diese Ordnung zu verinnerlichen.

Ich finde das problematisch, denn die hier vorausgesetzte Mutterrolle ist nur eindimensional auf die Ammenfunktion beschränkt und die Auffassung des Vaters als Vertreter des Gesetzes entfernt ihn aus der Familie. Sie macht ihn zu einer Figur, die wie Josef in den Darstellungen der Heiligen Familie immer nur am Rande steht, und sie verweigert sich seinen Ansprüchen auf Glück, Liebe und Emanzipation, indem sie verhindert, dass er die dafür notwendigen Erfahrungen machen kann.

Die Eindimensionalität der Mutterrolle wird umso deutlicher, je älter das Kind wird und der Bedürftigkeit einer Amme entwächst. Denn wenngleich ich mir nicht vorstellen kann, jemals alt genug zu werden, um auf die Fürsorge meiner Mutter verzichten zu wollen, bleibt doch auch die Fortführung der nährenden Funktion über das Ammenalter hinaus an das Haus gebunden – und das heißt konkret an den Esstisch als Symbol des mütterlichen Reiches. Um ihn versammelt sich die Familie als Familie. »Am innigsten ist das Leben der Familie dort, wo man am häufigsten zusammen ißt. Das Bild vor Augen, wenn man an sie denkt«, schreibt Canetti, »ist das der um einen Tisch versammelten Eltern und Kinder. Alles erscheint als Vorbereitung auf diesen Augenblick; je öfter und gleichmäßiger er wiederkehrt, um so mehr fühlen sich die Zusammen-Essenden als Familie. Die Aufnahme an diesem Tisch kommt praktisch der Aufnahme in die Familie gleich.«[24] Das »Kern- und Herzstück dieser Institution« ist »die Mutter. Mutter ist jene, die ihren eigenen Leib zu essen gibt. Sie hat das Kind in sich genährt und bietet ihm dann ihre Milch. Diese Tendenz setzt sich in abgemilderter Form während vieler Jahre fort; ihre Gedanken, soweit sie eben Mutter ist, kreisen um die Nahrung, deren das heranwachsende Kind bedarf. Es muß nicht ihr eigenes sein; man kann ihr ein fremdes unterschieben; sie kann eines adoptieren. Ihre Leidenschaft ist; zu essen zu geben; zu sehen, daß es ißt; zu sehen, daß das Essen bei ihm zu etwas wird. Sein Wachstum und die Zunahme seines Gewichts sind ihr unabänderliches Ziel.«[25]

Aber auch dann, wenn die Kinder dem Heim längst entwachsen sind, kehren sie an die nährende Brust der Mutter zurück, um sich von der Plackerei des Lebens zu erholen und Trost zu finden. Wie wichtig, großherzig und schön das ist, führt der Western *The Sisters Brothers* vor. Er schildert, wie zwei Revolverhelden, Eli und Charlie Sisters, einen letzten Auftrag annehmen und dabei alles verlieren. Sie sollen nach Kalifornien reiten, um zwei Goldgräber zu töten. Stattdessen freunden sie sich mit ihnen an und gewinnen eine große Menge des Edelmetalls. Bei einem Unfall werden jedoch alle schwer verwundet. Die Goldgräber sterben, Eli und Charlie erleiden schwere Verätzungen, Charlies Schussarm wird amputiert. Die Schergen ihres Auftraggebers jagen sie und sie müssen sich ihren Weg zurück nach Oregon freischießen. Sie kommen durch, sie retten jedoch kaum mehr als ihr Leben. Gescheitert, verlassen und verkrüppelt kehren sie in ihr Elternhaus zurück, in dem ihre Mutter lebt. Hier wechselt der Film die Beleuchtung. Das Licht erscheint von allem Schmutz der Welt reingewaschen und fällt jetzt sanft und klar durch die Fensterläden. Ruhe kehrt ein. Es gibt Kaffee und Marmeladenbrote. Dann wird gebadet. »Ist das Wasser auch sicher nicht zu heiß, Charlie«, fragt die Mutter, während sie eine weitere Kanne vom Feuer holt. »Nein, nein, Mama, alles wunderbar.« Der Zuber dampft und Charlie, den wir zuvor nur als alkoholkranken, zornigen Gewalttäter sahen, gluckst zufrieden. Die Kamera schwenkt ins Kinderzimmer. Eli legt sich auf sein altes Bett, das gleich neben dem seines Bruders steht. Er lächelt und schließt seine Augen. Vor dem Fenster liegt die Prärie.[26]

Dieses Gefühl der bedingungslosen Liebe und Unterstützung ist eng mit der Mutterrolle verknüpft. Sie muss aber gar nicht von Frauen gespielt werden und ist auch nicht an die Familie gebunden. In verschiedenen Graden taucht sie an den unterschiedlichsten Stellen auf. Wir kennen auch die Mutter der Kompanie und ich selbst erinnere mich an einen älteren Freund aus meinem Studium, der nachts auf war und tagsüber schlief (weil Karl Krauss ihm das in seinem *Lob der verkehrten Lebensweise* empfohlen hatte). Wenn ich mit den letzten Zechern aus der Kneipe gekehrt worden war und auf dem Heimweg bei ihm vorbeikam, hatte er immer ein Glas Tee, ein Solei oder Senfbrot und eine Zigarette für mich (KARO, rund und ohne Filter). Und während ich aß und trank und rauchte und mit ihm »zuckrigen Mädchenstimmen« lauschte, wie er zu sagen pflegte, fiel etwas von der Verlorenheit und Zerbrechlichkeit ab, die ich an diesen Morgen verspürte.

Die Festlegung der Mutterrolle auf die nährende und behütende Ammenfunktion ist problematisch. Denn genauso wenig wie der Mutter zugemutet werden kann, sich in dieser Zuwendung zu erschöpfen, kann dem Vater zugemutet werden, auf sie zu verzichten. Andernfalls müssten wir es bei Vätern mit Menschen zu tun haben, die nicht lieben und bei Müttern mit solchen, die in der Schule nur Kochen und Stricken hatten. Gleichwohl wird dieses vermeintlich traditionelle Rollenbild immer noch perpetuiert. Die Anthropologin Anna Machin, die mit der Entdeckung der hormonellen Veränderungen von werdenden Vätern bekannt wurde, berichtet, dass sie zu ihren Untersuchungen unter anderem dadurch angeregt wurde, dass ihr Mann bei der Geburt des gemeinsamen Kindes völlig ignoriert worden sei – obwohl es zu größeren Komplikationen kam. Ob sein Kind noch lebe oder nicht, musste er den Putzhelfer fragen, der im Kreissaal das Blut vom Boden wischte. Falls es tot sei, so wurde ihm beschieden, werde ihm das schon noch mitgeteilt.[27] Er solle einfach warten. In jeder Autowerkstatt werden Männer gefühlvoller behandelt. Dass auch Väter ihre Kinder lieben, wird in unserer Kultur zwar geduldet, es ist aber eigentlich nicht vorgesehen und für die Erfüllung ihrer Aufgabe auch nicht notwendig. So heißt es etwa in einem vom Staatsinstitut für Frühpädagogik in Bayern herausgegebenen Familienhandbuch über »die Bedeutung des Vaters«:

> »Anders als die Mutter, die dem Kind hauptsächlich durch ihre Emotionalität und sprachliche Kommunikation den notwendigen Rückhalt gibt, vermittelt der Vater ihm die Welt durch aktive Konfrontation, Ermutigung, Förderung und gesellschaftlich vorgegebene Normensysteme. Diese durch viele Studien herausgefundenen Unterschiede elterlicher Beziehungsangebote und Erziehungsstile erweisen sich psychologisch in idealer Weise als komplementär. Sie ergänzen emotionale, soziale, kognitive und instrumentelle Anreize zu einer notwendigen Einheit. Dabei wird der Vater in seiner handlungsorientierten und moralischen Vorbildfunktion als positives Objekt verinnerlicht und in den Gewissensinstanzen, dem so genannten Über-Ich, verankert.«[28]

Von Liebe ist hier keine Rede. Aber auch abgesehen von der instrumentellen Herzlosigkeit, die dem Vater hier vom Kinder- und Jugendpsychiater Horst Petri verordnet wird, leuchtet mir diese Unterscheidung nicht ein. Denn wenn ich sie auf mein eigenes Leben übertrage, kann ich nicht einsehen, warum nur ich es sein sollte, der unsere Kinder mit der Welt konfrontiert, ihrer Moral, ihren Gesetzen und ihrem Wertesystem. Warum nicht auch meine Frau? Warum soll nur die Identifikation mit mir es unseren Töchtern ermöglichen, so etwas wie ein Gewissen herauszubilden? Warum kann nicht auch meine Frau eine moralische Vorbildfunktion für unsere Kinder haben? Warum repräsentiere nur ich die Welt jenseits unserer vier Wände, das Berufs- und Geschäftsleben und nicht auch ihre Mutter, die viel schlauer und erfolgreicher ist als ich und überdies auch mehr verdient? Und warum sollte ich unseren Mädchen nicht das Gefühl von Geborgenheit vermitteln können, indem ich sie liebkose und mit ihnen rede? Warum muss ich nur handeln, sie konfrontieren – und dabei schweigen? Schließlich sitze auch ich mit ihnen am Küchentisch, wenn sie müde und überdreht aus ihren Betreuungseinrichtungen kommen, schmiere ihnen Marmeladenbrote, kuschel mich dann mit ihnen aufs Sofa und erzähle ihnen Geschichten.

Die Restitution des Patriarchats aus dem Geist des Kapitalismus – ein Eigentor mit Anlauf

Die Antwort, die Vertreter eines restaurativen Vaterbildes auf diese Fragen geben, verbindet die utilitaristische Logik des Kapitalismus mit sexistischen Klischees über die angebliche Natur der Geschlechter, die als Erkenntnisse der Anthropologie oder Frühgeschichte ausgegeben werden. Sie beweisen aber nur, dass »Vaterschaft im patriarchalen Modus ohne einen Zusatz an Borniertheit nicht zu haben ist«, wie schon Friedrich Nietzsche wusste.[29]

Die Renaissance des Patriarchats aus dem Geist des Kapitalismus geht davon aus, dass wir Kinder bekommen, weil Kinder Freude machen. Damit wir diese Freuden aber auch genießen können, müssen wir auf eine bestimmte Art und Weise leben. Das ist das Leben als Familie mit der klassischen Rollenverteilung zwischen Mann und Frau als Vater und Mutter. Sie verordnet den Eltern eine rationale Arbeitsteilung und eine Bindung aneinander, die ihr Leben effizienter macht, wie etwa der Philosoph Norbert Bolz argumentiert.[30] Diese Arbeitsteilung besagt, dass einer das Geld verdient und der andere die Kinder versorgt. Die Bindung aneinander ermöglicht es jedem, sich ganz auf eine Sache zu konzentrieren und sich nicht auf Nebenschauplätzen zu verausgaben. Die Ehe ist die effizienteste Form, das Gefühls- und Geschlechtsleben zu organisieren, denn jeder findet im anderen ein wohlwollendes Publikum, vor dem er sich selbst darstellen kann und einen zuverlässigen Partner für die Befriedigung erotischer Wünsche. Hier klingt Immanuel Kants berühmte Definition der Ehe als Vertrag über den wechselseitigen und ausschließlichen Gebrauch der Geschlechtswerkzeuge und Vermögen an[31] – auch wenn Bolz die Ausschließlichkeit zumindest dem Mann nicht zumuten möchte, wenn dieser einen libidinösen Überschuss anderswo investieren kann.

Der Vertragscharakter sei zentral, weil erst der Vertrag eine stabile und damit profitable Geschäftsbeziehung ermögliche und innerhalb eines solchen Rahmens die Freude an den Kindern nun mal am größten und reinsten sei, meint Bolz. Der Vater müsse sich nicht darum kümmern, dass sie betreut würden, und die Mutter nicht darum, sich und die Kinder finanziell zu versorgen. Dabei ist für Bolz und seinesgleichen von vornherein ausgemacht, wer welchen Part zu erfüllen hat. Der Mann tauscht mit der Frau Produktion gegen Reproduktion, Arbeit gegen Kinder, Geld gegen Sex.

Da sich diese Arbeitsteilung nicht mit der kapitalistischen Logik begründen lässt, weichen die Reaktionäre in die Biologie oder die Frühgeschichte aus. Dort sehen sie den Beweis erbracht, dass Männer bessere Erwerbtreibende und Frauen bessere Kinderhüterinnen seien, weil die einen stärker und die anderen andauernd schwanger sind. Außerdem seien Kinder »nicht gleichermaßen von ihren Vätern abhängig wie von ihren Müttern«, so dass diese schon aus biologischen Gründen für die Aufzucht des Nachwuchses prädestiniert seien.[32] Dieses Argument ist an Stammtischen genauso zu hören wie in den langen Seufzern der Konservativen oder den Agitationen der Rechten.

Das biologische Argument ist nicht ganz unberechtigt. Es macht einen Unterschied, ob ein Kind im Leib eines Menschen heranwächst oder nicht, und Mütter haben oft eine intimere Beziehung zu ihren Kindern als Väter – zumindest dann, wenn die Kinder noch sehr klein sind und gestillt werden. Indes lässt sich mit dieser innigeren Beziehung zwischen Mutter und Kind die Restitution der alten Vaterherrlichkeit, in der die Männer die Herren und die Frauen Knechte sind, kaum je betreiben. Im Gegenteil, sie legt vielmehr den Schluss nahe, dass der Vater nur für die ökonomische Versorgung der Familie wichtig ist, ansonsten aber irrelevant. Wenn eine Mutter sich und ihre Kinder selbst versorgen kann, wird er sogar überflüssig.

Im Moment ist es noch so, dass ein Großteil der Väter ihre Familien ökonomisch dominiert. Der Beitrag von Müttern zum Einkommen der Familie beträgt in Deutschland durchschnittlich nur 22,6 Prozent. Es gibt jedoch genug Fälle, in denen die Mütter viel mehr verdienen als die Väter und es also kaufmännisch unklug wäre, den Vater mit dem Erwerb zu betrauen und die Mutter zu den Kindern zu sperren. Und ihr Anteil wird sich ausweiten. Dafür sorgen nicht nur weibliche Emanzipationsbestrebungen, sondern auch die Logik des Kapitalismus selbst, nach der das Geschlecht der Ausgebeuteten letztlich gleichgültig ist. Es kommt darauf an, den Profit zu maximieren und das führt zu einer Nivellierung der Vaterrolle. Mit dem Kapitalismus ist kein Patriarchat zu machen. Im Gegenteil, wenn sich nach der Logik des größtmöglichen Nutzens überhaupt eine Rolle favorisieren ließe, dann die der Mutter.

Das führt die Philosophin Svenja Flaßpöhler in einem Buch vor, das sie gemeinsam mit ihrem Mann, dem Literaturwissenschaftler Florian Werner, über ihr Familienleben geschrieben hat. Flaßpöhler bemerkt, dass ihr Mann nicht nur viel weniger verdiene als sie, sondern auch eine viel weniger intime Beziehung zu den Kindern habe – und dies, obwohl er mehr Zeit mit ihnen verbringe und einen Großteil der familiären Arbeit leiste. Um dennoch so etwas wie eine ungefähre Gleichheit der Leistungen herzustellen, fordert sie von ihm, diesen Mangel mit symbolischen Handlungen zu kompensieren, beispielsweise durch das Durchschneiden der Nabelschnur oder die Weitergabe seines Nachnamens.[33]

All das waren zu Zeiten des Patriarchats Handlungen, die die Macht des Familienoberhaupts über die Familie symbolisierten. Flaßpöhler überträgt hingegen das utilitaristische Prinzip auf die Familie. So wird der Vater nicht nur entmachtet und mit der Mutter auf eine Stufe gestellt, sondern der Mutter sogar untergeordnet. Daran ändert auch die große Bedeutung nichts, die Flaßpöhler den Riten zumisst. Ihr Bild vom Vater ähnelt dem des Priesters in säkularen Gesellschaften. Bei hohen Festtagen, Hochzeiten, Taufen und Beerdigungen erfreut man sich seiner Dienste, ansonsten gehorcht der Lauf der Dinge aber anderen Kräften. Dass sich Flaßpöhler dennoch für die symbolischen Insignien, mit denen sie den degradierten Vater ausstaffiert, gerade beim Patriarchat bedient, zeigt, wie alternativlos diese Vorstellung heute immer noch ist. Wir wissen, dass sie nicht mehr stimmt, haben aber keine andere, die besser passen würde.

Die Vorstellung vom Vater als einer deklassierten Figur, die über dem Familienleben den Weihrauch schwenkt, ist freilich nicht neu. Sie findet sich schon in Giuseppe Tomasi di Lampedusas Roman *Der Leopard* von 1956. Lampedusa schildert hier, wie die sizilianische Fürstenfamilie Salina im Verlauf der Demokratisierung des Landes und des Aufstiegs des Wirtschafsbürgertums ihren Einfluss verliert – und damit zugleich ihr Familienoberhaupt, den Fürsten. Alles, was diesem alten Leoparden noch bleibt, ist, das Tischgebet zu sprechen. So beginnt der Roman damit, dass der Vater den letzten Vers des Ave-Maria aufsagt: »Jetzt und in der Stunde unseres Todes, Amen.«[34]

Vielleicht ist es die Angst vor diesem Bedeutungsverlust, die Männer heute wieder mit dem Patriarchat sympathisieren lässt, so unsinnig und bedeutungslos es auch geworden ist. Ich erinnere mich in diesem Zusammenhang an einen Rat, den mir ein Freund nach dem Überhören eines Streits zwischen meiner Frau und mir gegeben hat. Er sagte, das Problem sei nicht, wer von uns beiden recht habe, sondern dass sich meine Frau überhaupt trauen würde, mir zu widersprechen. Und das läge seiner Meinung nach eben daran, dass sie finanziell nicht von mir abhängig sei und im Konfliktfall nicht riskiere, ihren Lebensstandard aufgeben zu müssen. Frauen könnten zwar Geld verdienen, es dürfe aber nie so viel sein, dass die Trennung vom Partner für sie nicht einen radikalen Abstieg bedeuten würde. Und der Mann müsse ihnen klar machen, dass jede Sprödigkeit gegenüber seinen Wünschen als eine empfindliche Störung empfunden werde, die leicht zu einem Verlust ihrer Pfründe führen könne: »Finanzielle Unabhängigkeit macht Frauen aufmüpfig und frech.«

Als er mir das erzählte, wurde mir klar, warum er, der ewige Junggeselle, vor einigen Jahren meinen Versuch, ihn mit einer Freundin meiner Frau näher bekannt zu machen, mit der Begründung blockiert hatte, eine Frau wie sie, die viel mehr Geld verdiene als er, käme für ihn niemals infrage. Inzwischen hat mein Freund die Suche nach einer Partnerin ebenso aufgegeben wie die Hoffnung, Kinder zu haben. Für eine kurze Zeit bediente er sich der Dienste von Prostituierten – und das finde ich konsequent. Im Bordell können Männer noch der Illusion erliegen, die Herren zu sein, die sie gerne wären. Einige Produkte der Pornoindustrie erfüllen eine ähnliche Funktion. Sie bedienen die revanchistischen Fantasien von Männern, die in der Realität nicht die Rolle spielen, die sie gerne hätten. Puff und Porno gliedern sich in die Reihe der kulturindustriell bewirtschafteten Reservate »echter Männlichkeit« und stehen dort neben dem Sport, der Rennstrecke, dem Ideal alter Vaterherrlichkeit und esoterischen Wehrsportgruppen in der Heide. Auch das sind Fight Clubs, denn auch hier werden erfahrene Kränkungen in Aggressionen ausagiert.[35] Das ist auch meinem Freund schnell klar geworden, weshalb er die Puffbesuche rasch an den Nagel gehängt hat und sich jetzt ganz seiner Karriere widmet.

Ich glaube, dass die elende Verzweiflung der Väter nur dann aufgelöst werden kann, wenn wir eine Vaterrolle formulieren, die ihnen eine Bedeutung in der Erziehung ihrer Kinder zuweist, ohne sie aus der Familie zu entfernen, wie das die Rede vom Vater als Vertreter des Gesetzes, der moralischen Ordnung, der Gesellschaft oder der Ökonomie tut. Und die zugleich zeigt, wie sich Vater und Mutter in die Erziehung des Kindes teilen, ohne dass beide einfach dasselbe tun oder der Mutter nur eine marginale oder zumindest nur private Rolle zugesprochen wird. Denn beides widerspräche sowohl den emanzipatorischen Ansprüchen an die Vater- und Mutterrolle als auch der Bedeutung ihrer hinreichenden kulturellen Differenzierung.

Gleichwohl müssen wir die Rolle des Vaters nicht vollkommen neu erfinden, sondern können zwei Aspekte aus dem patriarchalen Modell übernehmen. Es sind freilich zwei, die dort von eher zweitrangiger Bedeutung sind: Vater zu sein, bedeutet eine Rolle zu spielen, und Vater zu sein, ist mit Verzicht verbunden. Das zentrale Merkmal des Patriarchen jedoch – dass er seine Autorität dadurch gewinnt, dass er das Gesetz vertritt, oder die symbolische Ordnung, die Moral, die Vernunft, die Objektivität etc. – müssen wir aufgeben. Es ist nicht nur eine völlig unsinnige Rollenbeschreibung, die allen Erfahrungen widerspricht, die wir in Familien machen können, sie hindert zudem alle Beteiligten daran, dass ihnen ihr Leben gelingt. Kinder werden nicht erwachsen, Väter nicht geliebt, keiner wird glücklich.

Gorillas im Nebel

Diese Auffassung des Vaters als Stellvertreter stützt sich jedoch auch gar nicht auf die Erfahrungen, die wir in der Familie machen, sondern auf eine bestimmte Auffassung des Menschen als einem Wesen, das Gesetze, Sitten und Morallehren braucht, um unter der Last seiner drängenden Begierden nicht zusammenzubrechen. Sie sind wie ein Korsett, das ihn aufrecht hält.[36] Und der Vater ist dieser Auffassung nach derjenige, der den jungen Menschen dieses Korsett anlegt und sie daran gewöhnt wie ein Pferd an sein Halfter. So werden die Kinder zu halbwegs erträglichen Menschen und nützlichen Mitgliedern der Gesellschaft gemacht. Die Beantwortung der Frage, wie die nächste Generation humanisiert und zivilisiert werden kann, schreibt der französische Psychoanalytiker Pierre Legendre, muss beim Vater ansetzen, das heißt bei der Identifikation des Kindes mit dem vom Vater repräsentierten Verbot.[37] Dabei bezieht sich Legendre (wie andere Vertreter dieser Auffassung vom Vater auch) auf psychologische Spekulationen über die Kultur und die Gesellschaft, das Gesetz und den Vater, die vor allem von Sigmund Freud und Jacques Lacan stammen.

Freud erfindet den Vater als Figur einer epochemachenden mythologischen Erzählung, in der seine Ermordung die Geburt der Kultur aus dem Geist des Gesetzes, das heißt des Verbotes, zur Folge hat: *Totem und Tabu*. In mythologischer Vorzeit, so Freuds Erzählung, lebte einst eine Urhorde unter einem Hordenvater wie die Gorillas im Nebel. Der Hordenvater hatte das Recht auf alles, auch auf alle weiblichen Mitglieder der Familie, alle anderen hatten das Recht auf nichts. Das wurde den Söhnen jedoch irgendwann so lästig, dass sie den Vater töteten. Die Parallelen zur französischen Revolution sind offensichtlich. Sie zeigen sich auch darin, dass, kaum dass der Vater tot war, unter den Söhnen Feindschaft ausbrach. Sie bemerkten, dass ihnen jemand fehlte, der zwischen ihren Einzelinteressen vermittelte und für Zucht und Ordnung sorgte, indem er sie und ihre unkontrollierten Begierden durch Verbote in Schach hielt. Also errichteten sie dem toten Vater ein Denkmal, das Totem, und verknüpften damit ein Gesetz, eine Reihe von Verboten, die den Triebverzicht forderten – das Tabu. Und siehe da: Auf diese Weise zur Unterdrückung ihrer Triebe, zu Ruhe und Ordnung gezwungen, nahm ihre Kultur einen raschen Aufschwung. Das Verbot führte zu einer unendlichen Verfeinerung der Triebbefriedigung, die Ordnung zu Prosperität und das Denkmal des Vaters stiftete Sitte und Religion. Es ist das Urbild der Gesellschaft als Brüderhorde vulgo Demokratie.

Fortan ist ein Bruder, wer sich dem Gesetz unterwirft, und Vater, wer es repräsentiert. Das Gesetz ermöglicht es den Brüdern, zusammenzuleben. Es weist jedem seinen Platz zu, indem es Verbote ausspricht. Damit stiftet und legitimiert es Identität. So wie in monarchischer Vorzeit jeder seinen Platz durch die kosmologische Ordnung fand, findet er ihn nun durch die symbolische Ordnung der Kultur und durch das Gesetz. Und so, wie der Vater seinen Söhnen in der Vorzeit ihren Platz zuwies, indem er sich und sie auf diese Ordnung bezog (»Deine Ordnung ist der Pflug.«), tut er es nun, indem er ihnen gegenüber das Gesetz vertritt. So ist aus dem monarchischen Patriarchen ein demokratischer geworden, aus dem Tyrannen ein Bürger. Doch auch hier ist der Vater wieder ein Vertreter des Gesetzes bzw. einer Ordnung und er vertritt sie vor allem dadurch, dass er etwas verbietet. »Der Name des Vaters«, so der Psychoanalytiker Jacques Lacan in seiner Fortführung von Freuds Gedanken, ist das »Nein des Vaters«.[38]

Vater zu sein ist ein Amt, das wir annehmen, eine Rolle, die wir spielen. Das führen die monarchischen Patriarchen genauso vor wie die Brüder, die in Freuds Erzählung für die anderen den Vater spielen. Denn Vater zu sein – so hatte Freud gesagt – bedeutet, nach dem Sturz des Urvaters das Gesetz zu vertreten, das die Brüder miteinander aufgestellt haben.

Väter sind Brüder, die für andere die Rolle des Vaters spielen – und die erst damit anderen ermöglichen, Söhne zu sein. Legendre vergleicht diese Situation mit der Rollenverteilung im Kinderspiel: »Du sollst der Vater sein, wir die Kinder.«[39] Der Vater ist ein Sohn, der die Rolle des Vaters ausübt und anderen dabei die Rolle des Kindes zuweist, sie es sein lässt. Oder andersherum: Er ist jemand, dem die anderen die Rolle des Vaters zuweisen und den sie Vater sein lassen, indem sie die Rollen der Kinder spielen. Wenn in der Logik des Patriarchats von Vater und Bruder, Vater und Kind gesprochen wird, sind damit in erster Linie also keine biologischen Reproduktionsverhältnisse gemeint, sondern Positionen innerhalb der symbolischen Ordnung der Gemeinschaft. Diese Positionen werden aber auf die Familie und ihre Reproduktionsverhältnisse übertragen.

Die Einsicht, dass es sich beim Vater um eine Rolle oder ein Amt handelt, muss allerdings nicht aus der Übertragung sozialer Positionen auf die Familie gewonnen werden. Sie ergibt sich bereits aus den Erfahrungen, die wir in der Familie machen können.

Kapitel 3

Der Vater, eine Rolle auf der familiären Bühne

Wenn ich mich daran erinnere, wie es war, als unsere erste Tochter geboren wurde, muss ich feststellen, dass ich noch gar kein Vater war, bevor sie kam (oder meinetwegen auch: bevor ich sie gezeugt habe); ich war Sohn, Bruder, Ehemann, Freund, Patenonkel, Autor und manches mehr, aber kein Vater. Meine Tochter hat mich erst zum Vater gemacht – sie und meine Frau, ihre Mutter. Und auch meine Frau war noch keine Mutter, bevor meine Tochter und ich sie dazu machten. Für meine Tochter gilt das Nämliche. Sie wurde nicht nur durch uns in die Welt gesetzt, sondern auch durch uns zur Tochter. Was wir in der Familie sind, sind wir nicht durch uns, sondern durch die anderen. Das gilt auch für alle weiteren Mitglieder. Als unsere zweite Tochter kam, hat sie uns erneut zu Eltern und die Ältere zur Schwester gemacht. Sie, Marianne, war schon Schwester, als sie auf die Welt kam, durch unser älteres Kind Clara, die schon vor ihr da war, aber Clara ist erst durch Marianne zur Schwester gemacht worden. Und so geht es weiter.

Die Feststellung, dass wir das, was wir in der Familie sind, durch die anderen sind, ist wichtig, weil sie deutlich macht, dass wir unsere Identität in der Familie nicht selbst bestimmen, sondern von anderen zu denen gemacht werden, die wir sind. Wir beginnen nicht bei uns selbst, sondern dort, wo wir nicht sind, beim anderen.[1] »Du sollst Vater sein, wir die Kinder.« Was das Spiel verabredet, stellt das Leben her. Meinen Töchtern ist diese spielerische Art der Rollenzuweisung durchaus bewusst, wie sich etwa dann zeigt, wenn wir »Familie« spielen: Meine ältere Tochter weist sich dann selbst meist die Rolle der Mutter zu, mir aber auch gerne mal die der Großmutter und ihrer kleinen Schwester die des Vaters.

Rolle und Fremdheit

Da wir beim Anderen beginnen, sind wir voneinander abhängig. Ich bin nicht Vater durch mich, sondern ich werde durch die anderen Mitglieder meiner Familie dazu gemacht, und diese sind ihrerseits nicht Mutter oder Kind oder Schwester durch sich selbst, sondern werden von mir und voneinander dazu gemacht.

Dass wir von den anderen dazu gemacht werden, heißt genau genommen, dass wir von ihnen als Vater, Mutter oder Tochter angesehen werden. Und dieses »Angesehen werden als« entsteht durch ein Wechselspiel von Ansprachen der anderen an uns und unseren Antworten darauf. Als unsere erste Tochter geboren wurde, legte die Hebamme sie auf den Bauch meiner Frau, das Kind brüllte und suchte die Brust. Johanna schloss sie in ihre Arme, schob das Laken ein Stück beiseite, in das Clara gewickelt war, und legte sie an ihren Busen.

Natürlich hätte sie das auch unterlassen können. Sie hätte sich vom Kind abwenden, seine Ansprache ignorieren und sich zurückziehen können. Aber auch das wäre eine Antwort gewesen. Denn wir können auf die Ansprache von anderen nicht nicht-antworten. Jede Antwort konstituiert ein Verhältnis und die Rollen, die wir füreinander spielen. Welche Rollen sich in der Familie etablieren, ist ein Ergebnis des spezifischen Wechsels von Ansprache und Antwort – oder Pathos und Response, wie der Philosoph Bernhard Waldenfels sagen würde, auf dessen Phänomenologie des Fremden ich mich hier beziehe.

Wenn Johanna sich von ihrer Tochter abgewendet hätte, hätte sie sich mit dieser Antwort anders als Mutter gezeigt und Clara anders als Kind angesehen, als sie es getan hat. Zumindest für den Moment wären die beiden andere gewesen, sie eine andere Mutter, Clara eine andere Tochter. Je nachdem, wie Johanna sich dann weiter verhalten hätte, hätten sich das Verhältnis und damit die Identitäten auch wieder anders entwickeln können. Sie sind ja nicht durch eine einzige Ansprache und eine einzige Antwort dauerhaft bestimmt. Aber auch wenn sie prinzipiell eine andere hätte sein können, zeigt diese erste Szene zwischen Mutter und Kind doch, dass die Art und Weise, wie wir einander ansprechen und wie wir darauf antworten, bestimmt, wer wir füreinander sind. Und sie zeigt, dass wir (oder ein Vertreter) auf die Ansprache unserer Kinder in bestimmter Weise antworten müssen, damit sie Kinder sein können. Denn wenn niemand auf Claras Ansprache reagiert, sondern jeder sich abgewendet hätte, wäre sie gestorben. Und selbst wenn ihr Hunger gestillt und ihr Körper gewärmt worden wären, nicht nur am ersten Tag, sondern an allen folgenden Tagen, niemand aber auf ihren Blick geantwortet und ihr gesagt hätte – wie dies die Gesten ihrer Mutter vermittelten: – »Ich sehe dich, du bist nicht allein. Hab keine Angst, ich kümmere mich um dich«, wäre ihr Leben doch nur ein sehr reduziertes gewesen.

Dabei hätte ich, der etwas hilflos danebenstand, gut verstehen können, wenn meine Frau sich einfach erschöpft zur Seite gedreht und unsere Tochter ignoriert hätte. Sie hat es aber nicht getan, sondern sich ihr gewidmet – und sich im Absehen von ihrer Erschöpfung sicher auch etwas Gewalt angetan. Wenngleich ihr das in dem Moment vielleicht gar nicht schwergefallen ist, ja womöglich nicht einmal auffiel.

Für mich war das eine Schlüsselszene. Sie hat mir gezeigt, dass Mutter sein, Vater sein, kurz Eltern sein heißt, auf die Ansprache des Kindes zu antworten, sich dabei vom Kind sagen zu lassen, was es braucht, und sich in der Antwort auf das Kind als derjenige zu erkennen zu geben, den das Kind braucht. Außerdem hat mich diese Szene darauf aufmerksam gemacht, dass wir in der Familie immer ein Stück weit Fremde bleiben, so eng wir auch zusammenleben und so innig wir uns auch lieben. Wir sind in der Familie der- oder diejenige, als welche/r wir von den anderen angesprochen werden und als welche/r wir antworten. Wir werden derjenige, der wir sind, dadurch, dass wir auf bestimmte Weise angesehen werden und uns auf bestimmte Weise zeigen. Wir beziehen unsere Positionen halb aktiv und halb passiv, so wie auch die Geburt ein halb aktives und halb passives Geschehen ist. Es ist mithin nicht nur so, dass die Mutter das Kind zur Welt bringt, sondern das Kind gebiert auch die Mutter. Nicht nur zeugt der Vater ein Kind, dieses erzeugt auch ihn. Eine Folge davon ist, dass wir weder über uns selbst noch über den anderen vollständig verfügen; und das heißt, dass wir einander fremd bleiben. Denn kein Familienmitglied ist mit den Vorstellungen identisch, die die anderen Mitglieder von ihm haben. Jeder von uns ist noch eine ganze Menge mehr als das, was wir füreinander in der Familie sind. Dieses andere kann uns in anderen Zusammenhängen zwar wieder betreffen, es bleibt uns als Familienmitglied aber erst einmal entzogen. Deshalb hat das Ansehen-als immer auch etwas Gewaltsames und ich glaube, dass die größten Tragödien in Familien daraus resultieren, dass wir die Gewaltsamkeit dieses Ansehens-als vergessen und die Fremdheit des anderen ignorieren. Wir tun dann so, als ob er oder sie nur das wäre, was er oder sie für uns ist. Damit stellen wir uns in den Mittelpunkt und messen den anderen nur insofern Bedeutung zu, als sie diese für uns haben. Wir machen sie zu Objekten.

Wenn wir genau hinsehen, können wir in der Familie die gegenteilige Erfahrung machen. Wir sehen, dass wir nicht bei uns selbst beginnen, sondern dort, wo wir nicht sind, beim anderen. Wir bleiben einander immer ein Stück weit fremd und sind einander unverfügbar. Der andere hat für uns nicht nur die Bedeutung eines Objekts, es gibt für ihn auch selbst Bedeutung, die er in einer »Ordnung des Herzens« ausbildet. Die gegenseitige Anerkennung als Fremde zwingt uns, die Ordnung unseres Herzens, das, was für uns Bedeutung hat, zur Ordnung eines anderen Herzens, dem, was für den anderen Bedeutung hat, in Beziehung zu setzen und uns zu fragen, inwiefern wir ihm die Realisierung unserer Herzensordnung zumuten können.[2]

Vollständig vermeiden lässt es sich allerdings nicht, dass wir dem anderen in der Familie Gewalt antun. Gerade für kleine Kinder trägt die Beziehung zu ihren Eltern stark objektivierende Züge. Es interessiert sie erst einmal nicht, was Mutter und Vater abseits dessen, was sie selbst von ihnen wollen, sonst noch sind oder was beide für sich wollen. Sie verlangen von ihnen, für sie genau das zu sein, was sie wollen, das sie sind. Die Eltern müssen es dann auf sich nehmen, das zu sein. Sie müssen von dem, was sie für sich sind, ein gutes Stück weit absehen und für das Kind Mutter und Vater spielen.

In diesem Müssen klingt eine ethische Verpflichtung mit. Es ist aber keine Selbstverpflichtung, wie sie etwa Immanuel Kant (1724–1804) im kategorischen Imperativ formuliert, sondern eine Verpflichtung durch den anderen. Das Kind nimmt mich in die Pflicht, indem es Ansprüche an mich stellt und ich kann mich entscheiden, ob und inwieweit ich diesen Ansprüchen entspreche. Das heißt, dass ich mir vom Kind zunächst einmal sagen lassen muss, was es von mir braucht, und dann versuchen kann, diese Ansprüche nach Kräften zu befriedigen. Denn ob ich meinem Kind der Vater sein kann, den es braucht, ist ja gar nicht ausgemacht.

Die Familie ist keine Metzgerei

Manchmal gelingt das freilich nicht oder zumindest nicht ausschließlich und das Kind sucht sich einen anderen Vater oder eine andere Vaterfigur, an die es seine Ansprachen richtet, zumindest teilweise. Auf dem Ferienbauernhof, auf den wir ab und zu fahren, gibt es einen Jungen, um die acht Jahre alt, der seine Eltern drängt, ihn alle Ferien dort verbringen zu lassen. Sie erfüllen ihm den Wunsch und campen. Er schläft in einem eigenen Zelt, steht jeden Morgen um 5 Uhr auf und verbringt den ganzen Tag mit dem Bauern, nicht mal zum Essen kehrt er heim. Die Eltern hören nur, wie er spät abends heimkehrt, man wechselt noch ein paar Worte über den Schlafsack hinweg – wie viele Fische er gefangen, wie vielen Kälbern er auf die Welt geholfen hat – und dann schläft er auch schon ein.

Ich bewundere die Großzügigkeit dieser Familie, die bereit ist, alle Ferien auf einem kleinen Hof in Ostbayern zu verbringen, weil der Sohn so gerne mit dem Bauern zusammen ist und ihm in allem nacheifert, was er tut. Und ich bewundere die Souveränität eines Vaters, der erkennt, dass ein Teil der Antworten, die sein Sohn braucht, besser von jemand anderem kommt als von ihm, und der es seinem Sohn (hoffentlich) nicht übel nimmt, dass dieser seine Ansprachen diesbezüglich auch an jemand anderen richtet.

Zu den drei Pflichten, die der Philosoph Jean-Jacques Rousseau (1712–1778) dem Vater gibt, gehört neben der Zeugung und der Erziehung des Kindes auch die Pflicht, das Kind in die Gesellschaft zu entlassen, nachdem es von ihm zu einem nützlichen Mitglied für diese erzogen worden ist.[3] Es wird dann zu Ende geboren, wie Theweleit sagt. Der Vater des Bauernhof-Jungen führt vor, dass die Pflicht, sein Kind aus der eigenen Erziehung zu entlassen, auch dann schon greifen kann, wenn dieses Kind sich einen anderen wünscht und braucht, der es erzieht. Allerdings hat er diese Pflicht nicht nur gegenüber der Gesellschaft, der er, wie Rousseau meint, akzeptable Mitglieder schuldet, sondern gegenüber seinem Kind, das in seiner Entwicklung auf ein gelingendes Wechselspiel von Ansprache und Antwort angewiesen ist – und das kann eben auch heißen, dass derjenige, der zufällig sein leiblicher Vater ist, nicht derjenige ist, der am besten geeignet ist, um auf alle Ansprachen des Kindes zu antworten.

Vater sein, Mutter sein, Sohn oder Tochter sein, ist also keine Sache des Fleisches, keine Metzgerangelegenheit, sondern eine spezifische Position innerhalb der symbolischen Ordnung der Familie, die sich aus einem Wechselspiel aus Ansprache und Antwort ergibt und nicht aus Blutsbeziehungen. Die biologische Position tritt hinter der sozialen zurück und diese soziale Funktion kann von verschiedenen Personen gleich welchen Geschlechts erfüllt werden. Mithin wäre hier auch an alleinerziehende Eltern zu denken, die zuweilen jemand anderen finden, der sie dabei unterstützt, die Rolle des Vater gegenüber dem Kind zu spielen oder sie zuweilen auch ganz übernimmt und dann mit gleichem Recht als Vater des Kindes bezeichnet werden kann wie jeder andere, der diese Rolle übernimmt. Dabei taucht allerdings die Frage auf, was diese dritte Person dazu motiviert? Sollte es die Freude sein, die sie sich vom Zusammensein mit dem Kind verspricht? Ist es, um dem Elternteil zu gefallen? Oder weil Vater sein bedeutet, ein im philosophischen Sinne gutes Leben zu führen?

Das Zurücktreten der biologischen Vaterschaft hinter die soziale Funktion verändert die Erfahrung der persönlichen Beziehungen in der Familie – ein Wandel, der eine Entsprechung in neuen Reproduktionsbedingungen findet, die Vaterschaft zunehmend von der Zeugung des Kindes lösen. Dabei ist es allerdings ein – wenn auch verbreitetes – Missverständnis, zu glauben, dass diese Verbindung von Vaterschaft und Zeugung jemals in mehr bestanden hätte als in einer juristischen Regelung der Rechte und Pflichten zwischen Vater und Kind – wobei es das Recht des Kindes ist, von mir erhalten und erzogen zu werden, weil ich es in die Welt gesetzt habe, und das Recht der Gesellschaft, in meinem Kind ein akzeptables Mitglied vorzufinden. Und diese berechtigten Ansprüche gegen mich verpflichten mich dazu, sie nach Kräften zu erfüllen.

Auch das römische Adoptionsrecht, das der Erfahrung der persönlichen Beziehungen in der Familie zumindest insofern entspricht, dass sich jemand zum Vater eines Kindes erklärt und damit die Rolle des Vaters annimmt, war eine Institution, die vor allem der Unsicherheit der biologischen Vaterschaft etwas Verbindliches entgegensetzen sollte. Unser bürgerliches Recht hat diesen Umstand dann soweit vereinfacht, dass es alle in einer Ehe geborenen Kinder zu den Kindern des Ehemannes erklärt, ohne zu prüfen, wer sie gezeugt hat.[4]

Der Vater ist also auch aus dieser Perspektive vor allem eine Rolle oder ein Amt. Es entsteht dadurch, dass ich auf bestimmte Weise angesehen und angesprochen werde und darauf in bestimmter Weise antworte. Deshalb kann ich dieses Amt aber auch nicht einfach ergreifen und mich selbst zum Vater machen, wie die Römer dachten, die davon ausgingen, dass derjenige Vater sei, der sich zum Vater eines Kindes erkläre und es als das seine annehme, also adoptiere. Die Adoption muss vielmehr von beiden Seiten erfolgen: Vater-sein und Kind-sein ist das Ergebnis eines *wechselseitigen* Ansehens- und Antwortens-als.

Vater sein, Mutter sein, Kind sein, das sind Rollen, die wir spielen, für uns und für die anderen. Das Familienleben ist ein Theaterstück und

unser Schauspiel dient dazu, »eine bestimmte Situation zu stützen, so-
zusagen eine Sicht der Realität« zu etablieren, wie der Soziologe Erving
Goffman sagt.[5]

Dabei schreiben wir uns diese Rollen nicht selbst, sondern improvisie-
ren sie in Reaktion auf die anderen. Mithin macht es auch keinen Sinn,
abstrakt vom Vater zu sprechen, denn es ist immer ein konkreter Mensch,
der die Rolle individuell spielt, beispielsweise eben der Vater Björn. Und
er spielt ihn für jedes seiner Kinder ein bisschen anders, je nachdem, welche Ansprüche das jeweilige Kind an ihn stellt und inwieweit er in der
Lage ist, sie zu erfüllen.

Rollenbilder als Interpretamente der Erfahrung

Gleichwohl gibt es natürlich in unserer Kultur etablierte und tradierte
Rollenbilder, die einen gewissen Rahmen vorgeben, innerhalb dessen wir
unsere Rolle anlegen. Dazu gehört auch die Rollenbeschreibung des Vaters, die ihm seinen Platz im familiären Schauspiel zuweist und etwas
darüber aussagt, wer und was ein Vater ist, was er tut bzw. tun soll oder
darf, welche Aufgaben, Rechte und Pflichten er hat, und wie er es tut oder
tun soll und dergleichen mehr.

Wir legen unsere individuelle Improvisation der Vaterrolle im Rahmen
dieser Rollenbeschreibung an; sie ist ein Intrepretament unserer Erfahrung. Das heißt, sie gibt uns den Rahmen vor, innerhalb dessen wir die
Erfahrungen, die wir machen, strukturieren und deuten. Das gilt nicht
nur für gewohnte, sondern auch für neue Erfahrungen, die wir machen
und die wir auf die Rollenbeschreibung oder den Begriff des Vaters, den
wir haben, beziehen, um sie zu verstehen und zu entscheiden, wie wir darauf reagieren. Damit bestimmt die Rollenbeschreibung auch, welche Erfahrungen wir überhaupt auf uns als Vater beziehen, das heißt, wodurch
wir uns als Vater angesprochen fühlen oder nicht. Erfahrungen, die nicht
ins Schema passen, bleiben außen vor, weil sie nicht verarbeitet werden

können. So bestimmen die Interpretamente der Erfahrung, welche Erfahrungen wir überhaupt machen. Sie legen den Ausschnitt der Welt fest, den wir sehen und verstehen können und verstellen uns den Blick auf den Rest. Sie legen den Rahmen fest, in dem unser Leben stattfindet.

Ich habe meinen Freund Franz beispielsweise einmal dabei beobachtet, wie er das Spiel mit seiner Tochter abrupt unterbrach, als diese sich wehgetan hatte und wie er sie dann mit weit von sich gestreckten Armen ihrer Mutter überreichte – so als trage er einen Topf mit sprudelnd kochendem Wasser. Er fühlte sich als Vater vom Schmerz seiner Tochter nicht direkt angesprochen und für den Trost nicht zuständig. Und auch seine Tochter schrie, kaum dass sie von seinen Händen ergriffen worden war, nach der Mama, weil auch sie gelernt hatte, ihren Wunsch nach Trost nicht an den Vater, sondern an die Mutter zu richten, die ihrerseits das Kind sogleich ergriff und an sich drückte.

Die Auffassung, die die Beteiligten von ihrer Rolle hatten, bestimmte die Dramaturgie des familiären Schauspiels und die soziale Realität, die es etablierte. Dabei war mein Freund Franz gar nicht glücklich darüber, wie die Sache lief. Denn obgleich er wie automatisch der eingespielten Routine folgte und sie damit unterstützte, quittierte er sie doch auch mit einem verhaltenen Ausdruck des Ungenügens, der erahnen ließ, dass er sich vielleicht auch eine andere Szene gewünscht hätte und sich eher defätistisch als froh in die eingeschliffenen Abläufe fügte.

Kapitel 4

Der Vater als Stellvertreter

Ich glaube, dass viele Männer heute ein ähnliches Ungenügen gegenüber den tradierten Vaterbildern empfinden, vor allem der immer noch virulenten, aber substanzlos gewordenen Rolle des Vaters als Vertreter des Gesetzes, der Moral, der Ökonomie oder der Gesellschaft. Sie taugt nicht mehr als Interpretament ihrer Erfahrung, weil sie diese auf eine Art und Weise organisiert, die nicht mehr mit der Rolle übereinstimmt, die sie in der Familie spielen wollen und die ihre Partner und Kinder von ihnen sehen möchten. Die Rolle eröffnet allen Beteiligten nicht mehr die Erfahrungen, die sie sich wünschen. Mitunter verstellt sie sogar den Blick auf die Wirklichkeit. Wenn ich mich zum Beispiel als Vater so verstehe, dass ich das Gesetz vertrete, kann ich die beschriebenen Erfahrungen der Fremdheit, der gegenseitigen Abhängigkeit und des Rollenspiels gar nicht machen. Denn dann tue ich so, als wäre schon ausgemacht, was ein Vater ist und wer ich bin. Ich trete meinem Kind fertig gegenüber, um ihm zu sagen, wo es langgeht in der Welt. Ich ignoriere dann, dass ich erst durch das Kind zum Vater werde, dass wir einander fremd und voneinander abhängig sind, dass ich mir von meinem Kind sagen lassen muss, was für einen Vater es eigentlich braucht. Ich ordne das Kind dann einfach dem Gesetz unter. Das führt dazu, dass keine Intimität zwischen uns entstehen kann, denn wenn ich dem Kind gegenüber das Gesetz vertrete, dann beziehe ich mich auf das Gesetz und das Gesetz auf das Kind. Es steht immer zwischen uns. Ich *antworte* nicht *auf* das Kind, sondern *urteile* über das Kind wie ein Richter über einen Delinquenten. Der Vater ist ein Dritter, der das

Unvergleichliche vergleichbar macht.[1] Als Vertreter des Gesetzes tut er dies jedoch auf schlechte Art, denn er vermittelt Kind und Gesetz, indem er das eine unter das andere subsumiert. Die Beziehungslosigkeit oder Fremdheit, die aus dieser schlechten Gleichsetzung des Unvergleichlichen entsteht, wird insbesondere in den Szenen des väterlichen Gerichts deutlich. Die Literatur hat uns unzählige überliefert. Sie zeigt dabei auch, dass das väterliche Richteramt gar nicht vom biologischen Vater ausgeübt werden muss, ja nicht einmal von einem Mann. Frauen, Mütter können das auch, denn die Rolle des Vaters ist unabhängig vom Geschlecht der Person, die sie spielt.

Väterliches Gericht

Eines der bekanntesten väterlichen Gerichte ist vielleicht die Verurteilung Effi Briests durch ihre Mutter in dem gleichnamigen Roman von Theodor Fontane. Effi war von ihrer Mutter mit dem alten Liebhaber der Mutter verkuppelt und verheiratet worden und hatte während ihrer Ehe eine Affäre mit einem anderen Mann begonnen, die nach einigen Jahren ans Licht kommt. Das trägt ihr nicht nur die Verurteilung der Gesellschaft ein, sondern, viel härter noch, die der Mutter. Sie verstößt ihr Kind. In ihrem Brief an die Tochter heißt es:

> »Die Welt, in der Du gelebt hast, wird Dir verschlossen sein. Und was das Traurigste für uns und für Dich ist (auch für Dich, wie wir Dich zu kennen vermeinen) – auch das elterliche Haus wird Dir verschlossen sein, wir können Dir keinen stillen Platz in Hohen-Cremmen anbieten, keine Zuflucht in unserem Hause, denn es hieße das, dies Haus von aller Welt abschließen, und das zu tun, sind wir entschieden nicht geneigt. Nicht weil wir zu sehr an der Welt hingen und ein Abschiednehmen von dem, was sich ›Gesellschaft‹ nennt, uns als etwas unbedingt Unerträgliches erschiene; nein, nicht deshalb, sondern einfach, weil wir Farbe bekennen und vor aller Welt, ich kann Dir das Wort nicht ersparen, unsere Ver-

urteilung Deines Tuns, des Tuns unseres einzigen und von uns so sehr geliebten Kindes, aussprechen wollen«.[2]

»Auch das elterliche Haus wird Dir verschlossen sein, [...] weil wir Farbe bekennen und vor aller Welt [...] unsere Verurteilung Deines Tuns [...] aussprechen wollen.« Effis Verurteilung und Verstoßung führt vor, wie sich das moralische Gesetz zwischen das Kind und seinen Richter schiebt und beide voneinander trennt. Diese Trennung gewinnt durch den Rückzug oder die Abwesenheit des Vaters eine besondere Schwere, denn Effis Vater überlässt der Mutter nicht nur die strafende Position, er ergreift auch nicht die Partei des Kindes, wie das in anderen Szenen des väterlichen Gerichts der Fall ist, in denen sich die Eltern in die Rollen des Richters und des Verteidigers der Delinquentin aufteilen. So wird in Effis Verurteilung auch die Überlastung der (de facto) Alleinerziehenden deutlich, die entweder beide Rollen zugleich spielen oder eine ausfallen lassen müssen. Ersteres kann leicht zu einer inkonsequenten oder gespaltenen Performance führen, Letzteres zu einer einseitigen oder unvollständigen. Das vielleicht lakonischste väterliche Gericht kommt jedoch gerade aus dem Mund einer alleinerziehenden Mutter – auch sie eine Figur des Dichters Fontane: Majoren-Witwe Albertine Pogge von Poggenpuhl.

Frau Poggenpuhl lebt mit drei Töchtern in finanziell sehr beengten Verhältnissen in Berlin. Die beiden Söhne Leo und Wendelin dienen bei fernen Regimentern. Leo lebt stets über seine Verhältnisse und auf Kosten der anderen, aber die Mutter mag ihn besonders gern. Deshalb zahlt sein Bruder Wendelin für Leos Bahnfahrkarte nach Hause, wenngleich er selbst dafür auf die Reise verzichten muss. Auch zu Hause stürzt der Besuch von Leo, der reichlich Ansprüche hat, die Frauen in Unkosten. Um diese zu kompensieren, lädt ein reicher Onkel die Familie zum Geburtstagsessen ein und überlässt ihr als Notration das Wechselgeld, das von einem Hundertmarkschein, mit dem er bezahlt hatte, reichlich übrig geblieben ist. Leo steckt das Geld ein und möchte sich davon eine Bahnfahrkarte erster Klasse für die Rückfahrt kaufen. Am Bett nimmt er von der Mutter Abschied. Leo spricht als Erster:

»›Und so denn lieber gleich Teil drei unter der imposanten Oberschrift: Onkel Eberhard und der Hundertmarkschein. Und noch dazu ein ganz neuer. Ja, Mama, das war ein großer Moment. Er existiert zwar nicht mehr als Ganzes, ich meine natürlich den Schein, aber doch immer noch in sehr respektablen Überresten. Hier sind sie. Wie du dir denken kannst, sträubt ich mich eine ganze Weile dagegen, als ich aber sah, daß er es übelnehmen würde…‹

›Leo, so hast du noch nie gelogen…‹

›Selbstverspottung ist keine Lüge, Mama. Aber du siehst daran so recht, wie unrecht du mit deiner ewigen Sorge hast. ›Noch am Grabe pflanzt er die Hoffnung auf‹, solch großes Dichterwort ist nicht umsonst gesprochen und darf nie vergessen werden. Ich bekenne gern, daß ich den ganzen Abend über wegen des Rückreisebillets in einer gewissen Unruhe war, denn ich darf wohl sagen, ich gebe lieber, als ich nehme…‹

Die Mädchen lachten.

›… Indessen, Gott verläßt keinen Deutschen nicht und einen Poggenpuhl erst recht nicht, und wenn die Not am größten ist, ist die Hilfe am nächsten. So hab ich es immer gefunden. Und so schwimm ich denn augenblicklich ganz kreuzfidel wieder obenauf und, so Gott will, eine ganze Welle noch. Denn die Rückreise macht keinen großen Abstrich, auch wenn ich erster Klasse fahre.‹

›Aber Leo…‹

›Beruhigt euch, Kinder. Ich werde ja nicht erster Klasse fahren; es beglückt mich nur, so einen Augenblick denken zu können, ich könnt es. Alles bloß Phantasie, Traumbild. Aber *das* ist ernst: ich will wissen, wieviel ich von meinem Vermögen hier lassen soll; jede Summe ist mir recht, und ich will auch keine Rückzahlung und keine Zinsen. Ich will vielmehr diesen Zustand voll und rein genießen und will Wendelin mal übertrumpfen. Aber ihr sagt ja nichts, auch du nicht, Mama.‹

›Nun, ich nehme es für genossen an, Leo. Und nun geh in die Vorderstube, und nimm Manon mit, sie kann dir da beim Packen behilflich sein. Aber haltet euch nicht zu lange damit auf; ich weiß schon, ihr kommt immer ins Schwatzen und könnt dann kein Ende finden. Und nun gute Nacht, und wir nehmen auch gleich Abschied. Komm morgen früh nicht an mein Bett, und bringe Wendelin meine Grüße, und es wäre hübsch von ihm gewesen, daß er dir diese Reise gegönnt. Er wäre nun schon der Beste von der Familie, ganz anders …‹

›Wie Leo …‹

›Ja, ganz anders. Aber du kannst doch bleiben, wie du bist. So sind alle alten Mütter; die Tunichtgute sind ihnen immer die liebsten, wenn sie nebenher nur das Herz auf dem rechten Fleck haben. Und das hast du. Du taugst nichts, aber du bist ein lieber Kerl. Und nun gute Nacht, mein Junge.‹«[3]

»Du taugst nichts, aber du bist ein lieber Kerl.« Das sind vernichtende Worte. Sie können aber liebevoll und milde gesprochen werden, weil es in diesem Fall keine Ordnung mehr aufrechtzuerhalten, keine Moral mehr zu bewahren gilt. Die Familie ist dahin, das Vermögen ist verloren, dem Sohn ist nicht mehr zu helfen. Die Mutter gibt ihn auf. Resozialisierung zwecklos. Das ist zumindest eine Lesart dieser Szene; sie deutet die Milde und Indifferenz gegenüber dem eigenen Kind als Zeichen der Resignation oder des Desinteresses.[4] Viel mehr als das verdeutlicht sie meines Erachtens jedoch die Fremdheit und Trennung der Parteien, die daraus entsteht, dass sie sich auf den Boden eines Gesetzes begeben, auf dem die Richterin zu Hause ist, das Kind aber nicht. Denn das eigentlich Verstörende an dieser Szene ist für mich die völlige Gelassenheit, mit der Leo seine moralische Verurteilung entgegennimmt. Dass er in den Augen seiner Mutter nichts taugt, scheint ihn überhaupt nicht zu stören. Viel wichtiger ist ihm, wieder flüssig zu sein. Richterin und Delinquent leben nicht in derselben Welt und daran ändert auch das Urteil nichts. Es versetzt das Kind nicht auf den Boden des väterlichen Gesetzes, sondern zitiert ihn nur herbei, um ihn dann umso stärker zurückzustoßen. Die Erfahrung einer solchen Trennung bestätigte mir ein Freund, dem ich die Episode aus *Die Poggenpuhls* schilderte, weil ihm von seinem Vater einmal ein ähnliches Urteil gesprochen worden war wie dasjenige, das Leos Mutter über ihren Sohn spricht. Er war kurz vor dem Abitur wegen schlechter Leistungen von der Schule verwiesen worden, was sein Vater jedoch mit keinem Wort gewürdigt hatte. Als sich mein Freund dann in einer Fotoschule anmelden wollte, zu der er jeden Morgen eine weite Autofahrt unternehmen musste, sei der Vater allerdings in sein Zimmer gekommen und habe ihm mitgeteilt, dass er bei der örtlichen Tankstelle sein Konto benutzen dürfe, um das Benzin für die Fahrten zur Schule zu bezahlen. »Bisher«, so sagte er zu seinem Jüngsten, »habe ich noch jedem meiner Kinder eine Ausbildung finanziert – und wenn es Fotografie ist.« Du bist ein lieber Kerl, aber du taugst nichts. Von Rechts wegen bin ich dir indes noch etwas schuldig. Also nimm und geh; was immer aus dir werden mag. Ich habe meine Schuldigkeit getan. Den Sohn hat das nicht bewogen, auf die Seite des Vaters zu wechseln, im Gegenteil. Anstatt eine bürgerliche Karriere einzuschlagen, wie es sich der Vater für ihn vielleicht gewünscht hatte, ist er Künstler geworden. Stattdessen hat der Vater rübergemacht. Er hat das Kunst-Studium dann am Ende doch finanziert (es war ja ein richtiges Studium); er sammelt bis heute alle Zeitungsartikel und Nachrichten über seinen Sohn und er kommt zu den meisten Vernissagen. Dort steht er stolz an der Theke, um mit anderen über die Arbeiten seines Sohnes zu sprechen. An einigen davon hat er mitgearbeitet, in zweien taucht er selbst auf.

Wenn das Herz im Leibe kracht – der eiserne Vater

Das Gesetz, vor dem der Vater das Kind bewertet, steht zwischen den beiden. An dieser Trennung kann auch die Liebe zum Kind nichts ändern. Im Gegenteil: Denn es ist die Liebe zum Kind, die den Vater in einen unauflösbaren Widerspruch zu seinen Anforderungen als Vertreter des Gesetzes bringt. Die Konflikte, die daraus entstehen, trennen nicht nur den Vater vom Kind, sondern diesen auch von sich selbst – sie machen, dass ihm das Herz im Leibe kracht.

Das führt eine der ältesten Szenen des väterlichen Gerichts vor Augen,

die in der deutschen Literatur überliefert worden ist. Es ist die Verurteilung des Bauernsohnes Helmbrecht durch seinen Vater in der mittel-
hochdeutschen Versnovelle gleichen Namens aus dem 13. Jahrhundert,
von der oben bereits die Rede war. Wernher der Gärtner erzählt hier, wie
der blondgelockte Bauernsohn Helmbrecht den elterlichen Hof verlassen
will, um in der großen Welt Abenteuer zu erleben. Mutter und Schwester
haben ihn reichlich ausstaffiert und eine mit bunten Vögeln kostbar be-
stickte Mütze ziert seine Lockenpracht. Es fehlt ihm aber noch das Pferd,
mit dem er in das Abenteuer reiten könnte. Doch das will der Vater ihm
nicht geben. Also hebt der Sohn zur Klage an:

»Verdammt will ich sein,
wenn ich noch einmal deine Ochsen anspanne
und mit Ihnen Hafer aussäen gehe.
So etwas passt einfach nicht mehr
zu meinen langen blonden Haaren
und den gekräuselten Locken,
auch nicht zu meinem prächtigen Rock
und dem mit höchster Kunst verzierten Hut,
auf den die Frauen
Tauben aus Seide genäht haben.
Es ist Schluss: Mich siehst du nicht mehr auf dem Acker.«[5]

Helmbrecht findet sich einfach zu schön für den väterlichen Hof. Anders
als der Dichter, der Helmbrechts Klage durch die Betonung von Haar
und Mütze lächerlich erscheinen lässt, bleibt der Vater jedoch ernst. Er
kommt seinem Sohn entgegen, fühlt mit ihm mit und versucht zunächst,
ihn zu beschwichtigen. Er schildert ihm das gute Leben, das er haben
könne, wenn er zu Hause bliebe. Ich habe das schon einmal zitiert: »Lieber Sohn«, so spricht er zärtlich zu ihm, »führ du mir den Ochsen, wenn
ich pflüge, oder pflüge und ich führe dir den Ochsen. So bebauen wir das
Land. Und kommst du einst in die Grube, wird es mit guten Ehren sein
wie bei mir selbst.«[6] Überdies stellt der Vater dem Sohn eine Frau mit

reicher Mitgift in Aussicht und glückliche Stunden mit ihr (dass es Helmbrecht nicht zuletzt um erotische Abenteuer geht, betont die Vogelkappe,
die er trägt). Doch auch das verfängt nicht. Also ermahnt der Vater den
Sohn, an seinem angestammten Platz zu bleiben und nicht aus der gottge-
gebenen Ordnung auszubrechen, die festlegt, was richtig und was falsch,
was gut und was böse ist. »Deine Ordnung ist der Pflug«, sagt er.[7] Aber der
Sohn beharrt auf seinem Eigensinn. Er will hinaus in die Welt, koste es,
was es wolle. »Es mag mir ergehen, wie es will, / ich will dem Pfluge widersagen.«[8] Statt zu ackern, will er lieber rauben und plündern oder bei Hofe
avancieren. Der Vater unternimmt einen letzten verzweifelten Versuch,
ihn unter seinem Dach und unter dem Gesetz zu behalten. Er warnt ihn
vor den Intrigen des Hofes und schildert ihm vier Träume, die er hatte, in
denen der Sohn verstümmelt, geblendet und schließlich getötet und von
Aasfressern gefleddert wird.

> »Du hingst an einem Baum,
>   von deinen Füßen waren es bis zum Gras
> gut zwei Meter.
> Über deinem Kopf saßen auf einem Ast
> ein Rabe und daneben eine Krähe.
> Dein struppeliges Haar
> kämmte dir
> rechts der Rabe,
> links zog dir die Krähe den Scheitel.
> Ach, mein Junge, dieser Traum!
> Ach, mein Junge, dieser Baum!
> Ich fürchte, ich werde noch bereuen,
> dich großgezogen zu haben –
> wenn dieser Traum mich nicht betrog.«[9]

»Ach, mein Junge« (»owê, sun«), die Verzweiflung des Vaters ist mit Händen zu greifen. Allein, der Sohn zeigt sich uneinsichtig und das Erbrecht
verlangt vom Vater, ihm das Pferd zu geben, es ist sein Pflichtteil. Also

tut er es – und verstößt den Sohn: »So fahr dahin«, sagt er zu ihm und wünscht, dass er doch nie geboren wäre.[10]

Die Träume des Vaters bewahrheiten sich und diese Prophetie unterstreicht seine objektive Sicht der Dinge und sein Amt als Vertreter der moralischen Ordnung. Helmbrecht kehrt zwar zunächst als Mitglied einer Räuberbande heim und prahlt vor den Eltern mit seinem prallen Leben. Bald darauf werden die Räuber jedoch von der Polizei aufgebracht und er verliert das Augenlicht, eine Hand und einen Fuß. Als der Sohn derart ramponiert nun ein zweites Mal heimkehrt, bleibt der Vater jedoch hart. Die Vergehen des Sohnes wiegen zu schwer, als dass er ihm verzeihen könnte. »Eher würde ich einen wildfremden Menschen ein Leben lang bei mir aufnehmen, als euch auch nur ein Stück Brot zu geben.«[11] Während er ihn beim ersten Mal noch zur Umkehr überreden wollte, droht er ihm nun Prügel an, sollte er den Hof nicht freiwillig verlassen; »herre, ich binz iuwer kint«, sagt Helmbrecht, aber der Vater kennt ihn nicht mehr. Er spricht ihn auch nicht mehr mit dem Namen an, den er ihm gegeben hat, sondern mit dem Räubernamen, den Helmbrecht sich selbst gegeben hatte: Slintezgeu (Friss das Land). Und diesen blinden und verkrüppelten Slintezgeu jagt er nun vom Hof und schickt ihn damit in den Tod. Dem Vater kracht dabei das Herz im Leibe. Der nun wehrlose Helmbrecht wird bald darauf von den Bauern, die er einst beraubte, aufgeknüpft. Der Traum des Vaters bewahrheitet sich.[12]

Die Gefühle haben Schweigepflicht

Die Fremdheit, die die Vertretung des Gesetzes durch den Vater schafft, wird im Fall Helmbrechts besonders deutlich, weil sein Vater weder kalt ist wie Effis Mutter, noch den Sohn aufgegeben hat wie die Majorin von Poggenpuhl. Es ist ein zärtlich liebender Vater, der sich mit tiefer Anteilnahme um seinen Sohn sorgt. Zugleich hält er sich doch auch streng an das Gesetz, das er vertritt. Das zwingt ihm eine doppelte Fremdheit auf:

dem Kind und sich selbst gegenüber. Der Vater bezieht das Kind auf das Gesetz und das Gesetz auf das Kind, sodass das Gesetz zwischen beiden steht. Die Entfremdung zwischen Vater und Kind, die dadurch bewirkt wird, macht auch die letzte Verurteilung Helmbrechts deutlich, als der Vater ihn nicht einmal mehr erkennt.

Indem der Vater sich und sein Kind auf das Gesetz bezieht, muss er einen objektiven Standpunkt einnehmen und seine Liebe zum Kind verleugnen. Das entfremdet ihn auch von sich selbst. Denn der objektive Standpunkt, den der Vater als moralischer Richter einnehmen muss, ist einer, der so tut, als ob es keine persönlichen Beziehungen gäbe bzw. einer, der zwingt, sie zu verleugnen. Nur durch diese Verleugnung gewinnt er die Autorität des moralischen Richters. Das Gesetz steht mithin auch zwischen ihm als dessen Vertreter und ihm als liebendem Vater. Das war schon bei Brutus dem Älteren so, dem ersten Konsul der römischen Republik, auf den diese Gerichtsszene anspielt. Livius berichtet von ihm, er habe seine Söhne, die sich an einem Putschversuch beteiligt hatten, zum Tode verurteilt, und darin seine hohe Moralität bewiesen.[13] Analytische Klarheit gewinnt diese Vertreibung der Liebe aus dem Vater jedoch erst in der Aufklärung, vor allem in der Philosophie Kants, der die Moral von allen persönlichen Beziehungen und den damit verbundenen Zu- und Abneigungen reinigt.[14] Während sich Livius zufolge auf Brutus' Antlitz noch der ganze Widerstreit zwischen Vatergefühlen und Pflicht, Liebe und Moral abspielte, der auch Helmbrechts Vater das Herz bricht, hat bei Kant das Pflichtgefühl alle Neigungen verbannt.

Kants äußerste Zuspitzung der Vaterrolle auf die Vertretung des moralischen Gesetzes und die damit verbundene Objektivierung der Beziehungen führt vor, wie unpersönlich die familiären Bande damit werden. Das liegt auch daran, dass Kant das Geschehen aus Ansprache und Antwort genauso ignoriert wie die Fremdheit und Abhängigkeit der Beteiligten, die daraus folgt. Für ihn ist die väterliche Sorge nur die Anwendung des allgemeinen moralischen Gesetzes von einem vernunftbegabten Wesen auf die Frucht seiner Lenden.

Wenn ich die erste Szene kurz nach der Entbindung meiner Tochter in der objektivierenden Perspektive des moralischen Gesetzes interpretiere, dann stellt sie sich mir ganz anders dar, als ich sie erfahren und oben beschrieben habe. Hätte ich mich hier als Vertreter des Gesetzes verstanden, hätte ich ganz andere Erfahrungen gemacht, als ich sie gemacht habe – und das Wichtigste verpasst. Ich hätte dann nicht bemerkt, dass Clara uns anblickt und wir zurückschauen, dass sie einen Anspruch an uns stellt und wir versuchen, darauf, so gut wir können, zu antworten, und dass daraus und aus der Fortsetzung dieses Geschehens eine Beziehung zwischen uns entsteht. Mir wäre nicht aufgegangen, dass wir beim anderen beginnen und nie ganz in der Rolle aufgehen, die wir für ihn spielen. Ich hätte die gegenseitige Abhängigkeit und Fremdheit vielmehr völlig übersehen und Clara als einen Fall angesehen, in dem ich durch das moralische Gesetz zur Sorge verpflichtet bin, und um dieser Pflicht zu genügen, hätte ich mich vielleicht um das Kind gekümmert.

Vielleicht aber auch nicht. Denn die meines Erachtens entscheidenden Gründe, mich um mein Kind zu kümmern, werden durch die moralische Selbstverpflichtung in Vertretung des Gesetzes ausgeschlossen.

Ich kümmere mich dann nicht um mein Kind, weil ich es liebe, denn die Gesetzesmoral verlangt von mir, dass meine Neigungen gar keine Rolle spielen. Eine Handlung ist dann moralisch, wenn sie »nicht aus Neigung, sondern aus *Pflicht*« geschieht. Diese Formulierung durchzieht Kants *Grundlegung der Metaphysik der Sitten* wie ein Generalbass. Und »Pflicht ist die Notwendigkeit einer Handlung aus Achtung fürs Gesetz.«[15] Die Gefühle haben Schweigepflicht.

Ich würde sogar meine Pflicht als Vater verletzen, wenn ich Claras Ansprüchen an mich aus Zuneigung nachkäme. Deshalb muss ich von dem, was ich für mein Kind fühle, vollständig absehen – wie Brutus es tat, als er seine Söhne zum Tode verurteilte. Das moralische Gesetz spricht mich nur als Vernunftwesen an und als ein solches kann ich mich nur selbst dazu verpflichten, für mein Kind zu sorgen.

Ich kümmere mich aber auch nicht um mein Kind, weil es diesen Anspruch an mich stellt und ich meine, dass er berechtigt ist. Immerhin wäre mein Kind ohne mein Zutun gar nicht in die Lage gekommen, dass sich jemand um es kümmern oder es erziehen muss, und das macht mich für mein Kind verantwortlich. Die Blutsverwandtschaft regelt für Kant jedoch nur den Zuständigkeitsbereich meiner Pflicht, sie begründet diese aber nicht. Das heißt, ich bin nur den Kindern verpflichtet, die ich auch in die Welt gesetzt habe. Gegen die Bitten und Appelle aller anderen darf ich meine Augen und Ohren verschließen, sofern es nicht den rudimentären Geboten der Menschlichkeit zuwiderläuft. Die Pflicht zur elterlichen Sorge gilt nur dem eigenen Fleisch und Blut, aber sie erwächst nicht daraus. Denn es gibt keine Verpflichtung zur Pflicht, ich kann mich nur selbst verpflichten. Anders gesagt, es gibt keinen Grund moralisch zu sein, außer den, dass ich moralisch sein will. Warum ich aber moralisch sein wollte, kann die Gesetzesmoral nur tautologisch beantworten: weil ich moralisch sein will.

Wenn ich meinem Kind als Vertreter des Gesetzes begegne, entfremde ich es also von mir und mich selbst von meinen eigenen Gefühlen. Ich subsumiere es als einen individuellen Fall unter ein allgemeines Gesetz. Ich fahre mit der Ordnung über uns hinweg und verhindere den Dialog zwischen uns. Ich hänge unsere Beziehung an einem abstrakten Prinzip auf. Von dort herab baumeln wir wie zwei Galgenvögel an langen Stricken in der Luft, ohne Kontakt zu unseren Gefühlen, unserer Geschichte, unserer gegenseitigen Abhängigkeit und individuellen Fremdheit. Und ich überlasse es meiner Willkür, ob ich mich überhaupt mit ihm befasse, denn zum Gesetz kann ich mich nur selbst verpflichten. Und selbst wenn ich das tue, muss ich meine Zuwendungen nicht daraufhin bewerten, ob sie meinem Kind nützen oder schaden. Es reicht, dass ich im Sinne des Gesetzes gehandelt habe. Gut ist die gute Gesinnung. Auch der Vater, der meinen Vater als Kind mit einer Brutalität verprügelt hat, die ihn heute noch verstört zurücklässt, hat es immer gut gemeint. Davon, ob er es auch gut gemacht hat, ist hier nicht die Rede.

Clara liest die Bibel – oder wie ich meiner Tochter eine anarchistische Ader einpflanzte

Für das Kind nimmt die Herrschaft des Vaters durch das Gesetz einen Charakter von Willkür an. Das ist mir wieder bewusst geworden, als ich mit meiner ältesten Tochter anfing, die Bibel zu lesen. Nicht die Bibel für Erwachsene versteht sich, denn sie geht ja gerade erst in den Kindergarten, sondern eine kindgerechte Fassung von der evangelischen Theologin Margot Käßmann.

Die beiden Kapitel, die meine Tochter immer wieder lesen wollte, heißen »Die Schlange« und »Die gebrochene Regel«. In ihnen behandelt Käßmann den Anfang des dritten Buches Genesis, in dem der Sündenfall von Adam und Eva geschildert wird (Genesis 3, 1–27). An den beiden Stellen, die meiner Tochter auffielen, weil sie ihr unverständlich waren, geht es um die Reaktionen von Adam, Eva und Gott auf den Sündenfall, das heißt um das, was die Beteiligten tun, nachdem die verbotene Frucht verspeist ist.

»Eva und Adam«, so Käßmann, »spürten gleich, dass sie einen großen Fehler gemacht hatten. Alles hatte Gott ihnen geschenkt, und nur ein einziges kleines Verbot war da gewesen. Aber sie hatten es nicht geschafft, diese Regel einzuhalten. Ein scheußliches Gefühl! Sie sahen einander an und fühlten sich schuldig.«

Die zweite Stelle, die Clara auffiel, ist die, als Gott ihren Fehler bemerkt. Käßmann schreibt: »Gott merkte das sofort, und er konnte nicht anders als zu sagen: ›Ihr habt die Regel nicht eingehalten, ihr müsst gehen.‹«[16]

Die Fragen, die meine Tochter an beide Stellen hatte, waren: Warum fühlten Adam und Eva sich schuldig? Und warum konnte Gott nicht anders?

Die erste Frage konnte ich ihr relativ einfach beantworten, denn die Antwort stand im Text: Adam und Eva fühlten sich schuldig, weil sie ungehorsam waren. Bevor ich jedoch zur zweiten Antwort kam, hakte sie schon ein und fragte: »Aber warum durften sie die Frucht nicht essen?« Hier wurde unser Gespräch philosophisch. Denn mit meiner

Antwort, sie hätten das nicht gedurft, weil Gott es nun mal nicht gewollt habe, gab sie sich natürlich nicht zufrieden. Sie witterte einen Abgrund.

»›Warum hat Gott das nicht gewollt?‹
 ›Weil er eine Regel aufstellen wollte.‹
 ›Was ist eine Regel?‹
 ›Ein Verbot.‹
 ›Warum hat Gott etwas verboten?‹
 ›Damit Adam und Eva nicht einfach machen, was sie wollen.‹
 ›Warum sollten sie nicht einfach machen, was sie wollen?‹«

Jetzt stand ich schon mit dem Rücken zur Wand. Ich hätte gerne gesagt, sie sollten nicht machen, was sie wollen, weil Gott glaubte, sie würden dann auch etwas machen, was schlecht für sie sei. Denn dass das Gute das Nützliche und das Schlechte das Schädliche ist, ist eine Überzeugung, die ich meiner Tochter gerne vermittelt hätte. Und ich glaube, dass es meine Aufgabe als Vater ist, ihr einsehen zu helfen, was ihr nützt und was ihr schadet. Aber so funktioniert die Sache bei Adam und Eva nicht. Immerhin ist es überhaupt nicht einzusehen, warum das Essen der Frucht Adam und Eva schadet, abgesehen davon, dass sie deswegen des Paradieses verwiesen werden. Das konkrete Verbot erscheint jedoch willkürlich. Das sagte ich meiner Tochter: »Gott wollte etwas verbieten, damit eine Ordnung herrscht. Dazu wollte er ein Gesetz aufstellen und ein Gesetz aufzustellen heißt, etwas zu verbieten. Warum es gerade verboten war, diese Frucht zu essen und nicht eine andere, oder warum er überhaupt verboten hat, eine Frucht zu essen oder nicht auf den Händen zu laufen oder zu pfeifen, darüber erfahren wir hier nichts. Er hat einfach etwas verboten, damit es ein Gesetz gibt. Und es sollte ein Gesetz geben, damit Adam und Eva nicht machen, was sie wollen. Und die beiden sollten nicht machen, was sie wollen, weil es sonst keine Ordnung gibt. Denn wenn es keine Ordnung gibt, dann herrscht Unordnung oder Chaos, und davor haben die Menschen Angst.«

»»Hat Gott also Adam und Eva aus dem Paradies geworfen, weil er Angst vor dem Chaos hatte?‹

›Nein, Gott hatte keine Angst. Er wollte nur, dass Ordnung ist.‹

›Und warum konnte er nicht anders, als sie rauzuwerfen?‹

›Weil dann keine Ordnung mehr gewesen wäre. Eine Ordnung oder ein Gesetz herrscht nur dann, wenn es auch durchgesetzt wird. Was bringt das schönste Verbot, wenn es keine Strafe gibt für die, die es nicht befolgen?‹«

Clara lachte daraufhin und widmete sich wieder ihrer Puppe. Ich warte nur darauf, dass sie mir bei nächster Gelegenheit, wenn ich ihr etwas verbiete, entgegenhält, ich wolle doch nur, dass es eine Ordnung gebe. Und dass dies im Grunde hieße, dass sie nicht machen könne, was sie wolle, weil ich Angst vor dem Chaos habe.

Ich glaube sogar, dass sie damit recht haben könnte, denn wenn ich nochmals zu den Beispielen des väterlichen Gerichts zurückkomme, von denen ich oben ausgegangen bin, dann gibt es gute Gründe anzunehmen, dass es die Angst vor dem Chaos oder der Unbestimmtheit ist, der Abgründigkeit des Daseins, wie der Philosoph Martin Heidegger sagen würde, die Väter dazu verleitet, sich auf ein Gesetz zu beziehen und das Gesetz auf das Kind.

Väter, die sich an Recht und Ordnung halten, sind Angsthasen

Die Verurteilung von Effi Briest etwa führt nicht nur vor, wie das Gesetz die Parteien trennt, sie führt auch vor, wie das Gesetz durch den Richter erst erfunden wird. Es gibt zwar eine Regel – hier die, dass eine verheiratete Frau keine außereheliche sexuelle Beziehung unterhalten darf –, aber der Richter muss ihr auch zustimmen und ihren Wert bestätigen. Er muss, wie es bei Fontane heißt, »Farbe bekennen«. »Dies geschieht durch eine

Deutung, die wieder eine Gründung oder Stiftung ist, so, als würde am Ende das Gesetz zuvor nicht existieren, als würde der Richter«, wie der Philosoph Jacques Derrida schreibt, »es in jedem Fall selbst erfinden«.[17] Das tut Mutter Briest, indem sie Effi verurteilt. Sie bringt das Gesetz, nach dem sie das tut, erneut hervor, indem sie die Regel, die sie auf ihre Tochter anwendet, für ihren Fall bestätigt.

Der Situation, in der das Kind dem Gesetz untergeordnet wird, geht also ein Schwebezustand voraus. Es gibt einen Haltepunkt, an dem die Entscheidung noch aufgeschoben ist. Die Dinge sind ungeordnet. Indem sich der Richter auf das Gesetz bezieht und das Gesetz auf das Kind, bringt er die Dinge in eine Ordnung. Er rettet sich aus dem Chaos, indem er die Ordnung, die das Gesetz bereitstellt, bestätigt, erneut hervorbringt und das Kind dieser Ordnung unterwirft. So zu handeln, hat etwas Gewaltsames. Denn es zwingt die Dinge in eine Ordnung, in die sie nicht von selbst fallen und setzt diese Ordnung mit Gewalt gegen die Verurteilte durch. Effi bleiben die Türen des Elternhauses verschlossen. Der Richter rettet sich aus dem Chaos – auf Kosten des Kindes. Er tut ihm Gewalt an, um sich selbst zu retten.

Dabei offenbart diese Gewalt gegenüber dem Kind nicht nur seine Schwäche, das Chaos nicht aushalten zu können, sondern auch die Schwäche des Gesetzes. Denn die Gewalt, die sich in der Anwendung des Gesetzes zeigt, wiederholt den Gewaltakt, der in der Setzung des Gesetzes selbst liegt. Schließlich ist schon die Festsetzung der Regel ein Akt der Gewalt. Sie geschieht noch vor der Unterscheidung von gerecht/ungerecht oder rechtmäßig/unrechtmäßig, *die erst nach der Aufrichtung des Gesetzes möglich ist, nicht aber davor.* Das Gesetz gilt qua Autorität und also durch die Gewalt, mit der es durchgesetzt wird. Der Philosoph Michel de Montaigne hat deshalb von einem »mystischen Grund« des Gesetzes gesprochen, unter dem sich ein Abgrund der Grundlosigkeit verbirgt.[18]

Diese Grundlosigkeit des Gesetzes zeigt sich auch in der Reformulierung des Patriarchats, wie sie Freud unternommen hat. Denn der Ursprung des Gesetzes, auf das sich der Vater bezieht, ist nicht befragbar. Es gibt, wie bei der einen Frucht im Paradies, keine notwendigen und hinreichenden Gründe, warum das Gesetz gerade so lauten muss und nicht auch anders lauten könnte. Es ist eine Setzung durch die Brüder und es setzt die Grenzen, die es zieht, mittels der Macht, die es hat. Diese Macht gibt es durch ein genealogisches Prinzip weiter, vom Urvater auf alle anderen Väter, die ihn vertreten.

Auch die Autorisierung des Vaters durch die Vertretung des Gesetzes dient also der Absicherung des Vaters, ebenso wie die Gewalt, die in der Anwendung des Gesetzes liegt. Denn bei Lichte betrachtet vertritt der Vater, wenn er das Gesetz vertritt, etwas Grundloses, eine leere Autorität. Gleichwohl versucht er, seine Autorität durch die Berufung auf das Gesetz zu legitimieren. Er spricht Recht, weil er das Gesetz vertritt und das Gesetz das Recht ist. Das Modell dieser Legitimation ist das Amt des Papstes. Er legitimiert das Gesetz und seine Auslegung durch das Prinzip der Filiation, der Abstammung, der Stellvertretung.

Wie die Setzung oder Anwendung des Gesetzes einen Akt der Gewalt darstellt, ist auch die Legitimation der Autorität durch eine genealogische Bezugnahme ein Versuch, sich gegen die Unordnung abzusichern, die im Moment vor dem Urteilsspruch da ist, wenn die Dinge noch in der Schwebe sind. Daran erinnert auch eines der ältesten Bilder für den Vater respektive Herrscher, das in unserer Kultur überliefert ist: die »goldene Kette«, an welcher, dem Dichter Homer zufolge, der Göttervater Zeus vom Olymp herab die Welt hält, um sie vor dem Rückfall ins Chaos zu bewahren.[19]

Die Väter, die ihren Kindern gegenüber das Gesetz vertreten und ihre Autorität damit legitimieren wollen, dass sie im Namen der Ordnung sprechen, sind Schwächlinge. Sie haben nicht die Kraft, den Schwebezustand und die Unordnung auszuhalten, und retten sich, indem sie ihren Kindern Gewalt antun. Der Grund für diese Verzagtheit ist Angst. Sie fürchten sich vor der Freiheit als dem Unbestimmten, der Offenheit, den noch nicht abgeschlossenen Möglichkeiten. Denn wenn die Dinge in der Schwebe sind, erfahren wir »die Wirklichkeit der Freiheit als Möglichkeit *für* die Möglichkeit«, was bedeutet, dass wir Angst haben, wie der Philosoph Sören Kierkegaard schreibt.[20] Wir werden »Hineingehalten in das Nichts« und erfahren die Abgründigkeit des Daseins.[21]

Dieser existenziellen Verunsicherung entledigen sich Väter, indem sie sich auf das Gesetz beziehen. Sie sind Angsthasen. Sie werfen eine Last von sich ab, indem sie ihre Kinder belasten. Damit wechselt auch die Angst den Träger. Denn während sich die Väter aus Angst vor der Freiheit als Offenheit und Möglichkeit an die rettenden Gestade des Gesetzes flüchten, befällt ihre Kinder das klaustrophobische Gefühl, vom Vater in die Welt des Gesetzes eingeschlossen worden zu sein. Franz Kafka hat diesem Gefühl im *Brief an den Vater* und in der Erzählung *Das Urteil* einen beklemmenden literarischen Ausdruck gegeben. Andersherum können wir in den seelischen und sozialen Deformationen der Kinder von abwesenden Vätern heute ein ganz ähnliches Grausen erkennen, wie es die alten Patriarchen angesichts des Chaos befallen haben mag, in das ihnen die Welt ohne Gesetz zu fallen drohte.

Wie aber kann eine Führung aussehen, die ohne das Gesetz auskommt und die Kinder dennoch nicht verängstigt? Es kann nur eine Führung sein, in der sich die Väter dem Chaos aussetzen. Sie müssen furchtlos sein, damit ihre Kinder nichts fürchten müssen. Sie müssen ihre Nase in den Wind halten und tief ins Offene schauen, ohne Furcht vor der Freiheit des Unbestimmten. Die Rolle des Vaters gewinnt damit etwas Artistisches, Seiltänzerisches. Es ist ein riskantes Selbstverhältnis ohne alle Gravität. Ihm geht es nicht darum, alte Regeln zu bestätigen, sondern neue Spielräume zu eröffnen. Der Dichter Johann Peter Hebel hat solche Väter in seinem *Schatzkästlein des rheinischen Hausfreundes* entworfen. Sie bleiben »Kinder des Chaos«.[22] Das heißt freilich auch, dass sie den Irrtum, das Scheitern und die Niederlage gelassen in Kauf nehmen, denn ein Leben, das die Unordnung nicht aufhebt, sondern in ihr improvisiert, kann nicht gegen den Misserfolg abgedichtet werden. »Manches ist mißlungen, manches wohlgeraten«, konstatieren die Väter bei Hebel.[23] Das klingt profan, aber so spricht es sich auf dem Seil über dem Abgrund.

Kapitel 5
Tugend und Verzicht

Wie läuft man auf einem Seil über dem Abgrund? In den »Nützlichen Lehren«, die Hebels Väter – übrigens von ihren Vorvätern – entlehnen, heißt es, man müsse »lange und vielerlei versuchen und guten Rat nicht verachten«.[1] Väter gehen also von ihren individuellen Erfahrungen aus, suchen nach Analogien und Ähnlichkeiten und entscheiden im Einzelfall. Es ist dieser Vorsprung an Erfahrung, der ihre Autorität legitimiert – wobei dieser Anspruch auf Autorität durch Erfahrungsvorsprung ein Erbe der Patriarchen ist.[2] Anders als bei diesen besteht die Führung der demokratischen Väter aber nicht mehr darin, dem Kind vorzuschreiben, was es zu tun oder zu lassen hat, was erlaubt und was verboten ist, sondern nur noch darin, ihm zu helfen, das zu finden, was es sucht.

So ist es auch, wenn ich mit meinen Töchtern einkaufe. Clara fragt mich dann, wo denn die Haferflocken seien, und ich antworte: »Schau mal in das Regal hinter den Eiern.« Ich kenne mich im Supermarkt besser aus als sie und ich nutze meinen Vorsprung, um ihr zu helfen, sich nach und nach ebenfalls darin zurechtzufinden. Selbst wenn ich in einem bestimmten Supermarkt noch nicht war und wir Neuland betreten, weiß ich doch genug über Supermärkte, um mich schnell zurechtzufinden und kann dieses Wissen darum, wie man sich orientiert, an meine Tochter weitergeben.

Es gibt Autoren, die meinen, ich hätte damit meine Aufgabe als Vater schon erfüllt. Denn das, was ich als Vater besonders gut kann, meine *fathercraft*, wie der Philosoph Dieter Thomä schreibt, bestehe darin, mein Kind dabei zu unterstützen, sich in der Welt zurechtzufinden, und es dabei so lange zu beschützen und zu behüten, bis es sich in ihr sicher allein bewegen kann. Dann ist es fertig, wie Thomä schreibt, das heißt fertig zur Fahrt ins weitere, eigene Leben, wir können auch sagen, zu Ende geboren.[3]

Genauso, wie ich Skrupel hätte, meine Tochter allein einkaufen zu schicken, bloß weil sie weiß, wo im Supermarkt alles ist, hätte ich auch Skrupel, sie allein auf die Fahrt ins Leben zu schicken, bloß weil sie weiß, wo sie findet, was sie sucht. Denn wie sollte ich sicher sein können, dass sie das Gute sucht und nicht dem Schlechten nachläuft. Schließlich würde sie, wenn ich sie jetzt losschickte, auch lieber Gummibärchen statt Haferflocken kaufen. Fertig zur Fahrt ist diejenige, die nicht nur weiß, wo oder wie sie findet, was sie sucht; fertig zur Fahrt ist erst die, die auch nach dem Guten strebt. Damit werden Tugenden wichtig, denn die Tugend, so hat es Aristoteles formuliert, ist ein »Habitus des Wählens«, eine gewohnheitsmäßige Entscheidung für das Gute und gegen das Schlechte. Sie drückt sich in unserem Handeln aus und verfestigt sich in der übenden Wiederholung. Worin das Gute besteht, in dessen Wahl sich die Tugend äußert, darüber sind sich die verschiedenen Tugendlehren nicht ganz einig. Aristoteles nennt beispielsweise Tapferkeit, Besonnenheit, Freigebigkeit, Gerechtigkeit, Großzügigkeit, Hochgesinntheit, Wahrhaftigkeit, Wissenschaft, Kunstfertigkeit, Klugheit, Vernunft, Weisheit und Verstand.[4] Das Christentum hat die verschiedenen antiken Tugendkataloge zu vier Kardinaltugenden eingedampft und um drei weitere (innere Einstellungen) ergänzt. Es kennt Klugheit, Gerechtigkeit, Tapferkeit, Mäßigung, Glaube, Liebe und Hoffnung. Diese Reihe solcher Aufzählungen ließe sich beinah beliebig fortsetzen. Da die Tugenden das Streben des Menschen nach dem Guten (und damit auch: nach dem guten Leben) leiten beziehungsweise weil das gute Leben mit dem tugendhaften Leben identisch ist, variieren die Tugendkataloge je nachdem, was als das Gute respektive das gute Leben angesehen wird. Auch der Psychoanalytiker Alexander Mitscherlich, der mit einem Buch über die *Vaterlose Gesellschaft* berühmt geworden ist, entwirft darin eine Art Tugendkatalog, der die Eigenschaften beschreibt, die ein Vater seines Erachtens haben und seinem Kind vermitteln sollte, damit es bereit wird für das Leben.

Allen Tugendethiken gemeinsam ist, dass sie nicht nur vorschlagen, was man *tun* soll, damit das Leben gelingt, und *wie* man es tun soll. Sie benennen gleichzeitig auch eine ganze Reihe von Handlungen, die zu *unterlassen* sind und auf die wir verzichten sollen. Denn tugendhaft zu handeln heißt, das Gute zu wählen und das Schlechte zu meiden. Oder wie es Onkel Nolte in Wilhelm Buschs *Die fromme Helene* formuliert: »Das Gute – dieser Satz steht fest –, ist stets das Böse, was man läßt.«[5]

Vater sein: Schön ist das nicht – aber gut

Die Bereitschaft zum Verzicht, den die Tugend fordert, ist heute nicht mehr besonders ausgeprägt. Während Botschaften über das, was man tun soll, damit einem das Leben gelingt, an Popularität gewinnen, findet das, was im Gegenzug zu unterlassen wäre, kaum Gehör. Denn die Aufforderung, etwas zu tun, wird paradoxerweise als Entlastung empfunden, die Aufforderung, etwas zu unterlassen, jedoch als Belastung. Die Erlebnisgesellschaft ist eine Erlaubnisgesellschaft.

Diese Aversion gegen den Verzicht resultiert aus einer grundsätzlichen Ausrichtung des Lebens auf den Zugewinn, die Steigerung, sowie aus einer Sehnsucht nach der maximalen Fülle und einer Ökonomisierung und Rationalisierung aller Lebensbereiche, kurz der Profitmaximierung. Das Leben soll schön sein und das heißt: möglichst viel Freude bereiten. Dieses Ideal hat längst auch das Familienleben erreicht, das nun als eine Quelle der Freude mit anderen Quellen der Freude konkurriert. Der österreichische Ökonom Joseph Schumpeter bemerkte schon 1942. Die Auflösung der bürgerlichen Familie

> »kann vollständig aus der Rationalisierung des gesamten Lebens hergeleitet werden, die [...] eine der Wirkungen der kapitalistischen Entwicklung ist. [...].

Sobald Männer und Frauen die utilitaristische Lektion gelernt haben
[…], – sobald sie die Gewohnheit annehmen, die individuellen Vor- und
Nachteile jeder voraussichtlichen Folge von Handlungen abzuwägen
[…]: sobald sie in ihrem Privatleben eine Art unausgesprochener Kosten-
rechnung einführen, müssen ihnen unvermeidlich die schweren persönlichen Opfer, welche Familienbindungen und namentlich Elternschaft
unter modernen Bedingungen mit sich bringen, […] bewusst werden
[…]. Jene Opfer bestehen nicht nur aus den Posten, die in den Meßbe-
reich des Geldes kommen, sondern bedeuten überdies einen unmeßba-
ren Verlust an Behaglichkeit, an Sorgenfreiheit und an Möglichkeiten,
andere Dinge von zunehmender Anziehungskraft und Mannigfaltigkeit
zu genießen […]. Was ich sagen will, ist, denke ich, ohne weitere Darle-
gungen klar. Es kann in der Frage zusammengefaßt werden, die so deutlich in den Köpfen mancher potentieller Eltern steht: ›Warum sollten wir
unsere Wünsche stutzen und unser Leben arm machen, um in unserm
Alter beleidigt und verachtet zu werden?‹«[6]

Vater zu werden – und zu bleiben – muss sich heute also vor allem ökonomisch als richtig erweisen; der Saldo der Kalkulation der individuellen
Vor- und Nachteile, die sich daraus ergeben, Kinder zu haben, muss positiv sein. Das heißt die Zeit, das Geld, die Aufmerksamkeit, die Kinder
kosten und zuweilen auch das Ungemach, das sie dem Vater bereiten,
wird mit den Freuden verrechnet, die sie ihm schenken, und die Bilanz
muss für den Vater positiv ausfallen. Im Gegensatz zu Schumpeter meint
eine ganze Reihe von Vätern heute, dass die Rechnung aufgehen könne.
Dazu gehört der Philosoph Norbert Bolz, der unterstützend anführt, dass
Kinder keine Wegwerfprodukte seien, wie vieles andere, worauf wir Geld
und Mühe verwenden, sondern »dauerhafte Konsumgüter«. Sie bereite-
ten ihrem Vater ein Leben lang Freude. Bolz vergleicht Kinder in dieser
Hinsicht mit Haustieren, die er ihrerseits als »lebendige Psychopharmaka«
bezeichnet.[7]
Ich glaube, dass diese Auffassung vom Kind nicht nur völlig igno-
rant ist, weil sie nicht erkennt, dass Kinder andere Menschen und keine

Objekte sind – eine Einsicht, die jeder gewinnen kann, wenn er auf die
Fremdheit achtet, die aus dem Wechselspiel von Ansprache und Response
folgt, das die Rollen in der Familie bestimmt. Ich bin auch davon überzeugt, dass gerade diese Sicht auf das Kind als Konsumgut oder Psycho-
pharmakon dazu führt, dass die Befriedigung, die in ihm gesucht wird,
nicht erreicht werden kann.

Wenn ich ein Kind als Konsumgut betrachte, ist es für mich ein Objekt. Objekte sind keine Menschen. An andere Menschen kann ich zwar
Ansprüche haben, zum Beispiel im Hinblick auf die Befriedigung meiner
Wünsche. Sie gehen in diesen Ansprüchen aber nicht auf. Vielmehr sind
sie mir wesentlich unverfügbar. Das heißt, sie sind frei, meine Ansprüche
zu erfüllen oder auch nicht. Und es lassen sich Gründe dafür angeben, ob
meine Ansprüche an sie gerechtfertigt sind oder nicht und ob sie diesen
Ansprüchen nachkommen sollten oder nicht. Denn ich kann fragen, wie
sich das, was mir wichtig ist, zu dem verhält, was der anderen wichtig
ist (ich kann die Ordnungen unserer Herzen gegeneinanderhalten) und
überlegen, ob ihr die Erfüllung meiner Wünsche zugemutet werden kann
oder nicht. Diesen Spielraum haben Objekte nicht. Sie sind immer verfügbar und es gibt in Bezug auf sie keine Notwendigkeit, meine Ansprüche ihnen gegenüber zu rechtfertigen. Auch Haustiere entbehren dieses
Spielraums, denn sie verfügen nicht über die Freiheit, die ich dem anderen als anderem lassen muss. Die Ordnung ihres Herzens ist gegenüber
der Ordnung meines Herzens zweit- und nicht gleichrangig.

Allerdings hat das Vergnügen, das die Objekte mir schenken, auch nur
einen relativen Wert. Schnitzel schmeckt mir besser als Tofu, und Bier
besser als Milch, aber das ist alles nur relativ. Und es hängt von der Situation ab. Beispielsweise ist mir im Müsli Milch lieber als ein alkoholisches
Getränk. Wenn ich also Dinge im Hinblick auf das Vergnügen bewerte,
das sie mir schenken, relativiere ich sie nicht nur fortwährend (besser/
schlechter als …), ich messe ihnen überhaupt nur einen relativen Wert
zu und keinen absoluten. Damit geraten sie in ein stetiges Gleiten oder
Driften. Sie müssen sich nicht nur mit den Dingen vergleichen lassen, die
gerade da sind, sondern auch mit allen, die überhaupt möglich sind, also

hypothetisch da sind. Wenn ich die Welt als ein Warenhaus betrachte, verwandle ich Menschen in Objekte und reale Objekte in hypothetische. Ich setze mein Leben vom Indikativ in den Konjunktiv. Ich lebe ohne Grenze.

Mit dieser Relativierung gewinne ich eine Distanz zum Leben. Ich kann es spielerisch nehmen. Nichts ist wirklich ernst, denn alles ist relativ. Diese spielerische Distanz zum Leben ermöglicht es mir, mein Leben zu ästhetisieren, zu kuratieren und frei zu gestalten – als ob ich ein Bild male oder eine Geschichte schreibe. Viele Menschen tun das heute auch. Denn das Ideal des kreativen, singulären und schönen Lebens setzt ebendiese Relativierung der Welt voraus.[8] Alles ist gleich viel oder besser gesagt gleich wenig wert und nichts geht mich wirklich an.

Eben deshalb muss mir so ein Leben die Befriedigung, die ich darin suche, jedoch versagen. Die Distanz, die ich zu den Dingen einnehme, führt dazu, dass ich nicht etwas genieße, in dessen Vollzug ich aufgehe, sondern ich genieße es, mich dabei zu betrachten, wie ich etwas vollziehe. Ich verdopple mich und trenne mich von mir selbst. Ich genieße es nicht, mit meinen Kindern zu spielen, sondern zu wissen, dass ich es tue. Ich fotografiere oder filme uns dabei und erfreue mich an den Bildern oder an den Reaktionen von anderen darauf, wenn ich die Bilder in den sozialen Netzwerken poste. Instagram und Facebook sind voll von Kinderbildern. Jedes Einzelne dokumentiert die Distanzierung eines Elternteils von seinen Kindern und dem gemeinsamen Erleben. An dessen Stelle tritt ein über die Kinder nur vermittelter Genuss an sich selbst. Unzählige Elternblogs erzählen davon. Ein Stück weit gilt das auch für diesen Essay. Anstatt mit meinen Mädchen im Hof Roller zu fahren, sitze ich hier am Schreibtisch. Auch ich gehöre in die lange Reihe derer, die meinen, ihre eigene Elternschaft theoretisch oder künstlerisch verarbeiten zu müssen und die dafür aufgewendete Zeit und Mühe gut zu investieren. Was sage ich meinen Töchtern also, wenn sie diese Zeilen irgendwann mal lesen sollten und mich fragen, warum ich über sie geschrieben habe, wenn ich gleichzeitig mit ihnen hätte spielen können? Vielleicht, dass wir die Erfahrungen, die wir machen, nur dann verstehen können, wenn wir aus ihrem Vollzug aussteigen und uns auf sie zurückbeugen. Reflexion bedeutet wörtlich genommen genau das. Diese Reflexion ist wichtig, weil uns nur das gelingen kann, von dem wir eine klare Vorstellung besitzen und die gewinnen wir dadurch, dass wir darüber nachgedacht haben. Das gelegentliche Überdenken des eigenen Tuns ist jedoch etwas anderes als die permanente Verdopplung und Mediatisierung des Lebens, mittels der wir es genießen wollen. Sie verhindert seinen Genuss, weil ich nur mittelbar dabei bin, es aber unmittelbar verpasse. Es wird zu etwas Interessantem. Je interessanter mein Leben sein soll, desto vermittelter muss es sein. Das interessante Leben ist das relativierte Leben. Es findet im Konjunktiv statt. Sein Horizont ist das Mögliche, nicht das Wirkliche. Es ist ein Leben ohne Grenze.

Genau darum geht es dem modernen Menschen, den Schumpeter beschreibt, jedoch. Sein Leben soll unendlich »interessant« sein. Und dieses Schicksal teilen auch die Väter, die sich für ihre Kinder »interessieren«. Sie ähneln einem Menschen, der über die Liebe nur nachdenkt, anstatt selbst zu lieben. Albert Camus hat ihn einen »Don Juan des Erkennens« genannt. Denn »ihm fehlt die Liebe zu Dingen, welche er erkennt, aber er hat Geist, Kitzel und Genuss an Jagd und Intrigen der Erkenntnis.«[9] Camus spielt damit auf einen Vergleich an, den Kierkegaard zieht, an dessen Überlegungen über das schöne Leben ich mich hier anlehne. Kierkegaard meint, der Unterschied zwischen dem unmittelbaren und dem mittelbaren Leben sei derselbe wie zwischen einem Menschen, *der verliebt ist*, und einem, der es genießt, *zu wissen, dass er verliebt ist*. Letzteres ist das Interessante.[10]

Das interessante Leben ist jedoch das langweilige Leben. Auch das folgt aus seiner Relativierung. Denn da das Interessante nur einen relativen Wert hat, brauche ich ständig neue Reize, um weiter interessiert zu bleiben. Dabei geht es nicht darum, dass das Neue wirklich besser ist als das Alte, es muss nur anders sein, und das heißt hier: neu. Mit der Zeit relativiert sich jedoch auch der Reiz des Neuen. Die Reize wechseln einander ab wie die Sprünge meiner Töchter über das Seil, das die Nachbarsmädchen draußen vor der Tür unter ihnen durchschwingen. Hopp,

Hopp, Hopp, Hopp. Das Interessante, das sich stets erneuert, nivelliert sich zum Gleichen, das immer wiederkehrt. Für Nietzsche, der noch tief und furchtbar fühlen konnte, war das erschreckend. Er nannte es »das grösste Schwergewicht«, das auf dem Leben liegen könne, und beschrieb seine Entdeckung als Begegnung mit einem Dämon:

> »Wie, wenn dir eines Tages oder Nachts, ein Dämon in deine einsamste Einsamkeit nachschliche und dir sagte: ›Dieses Leben, wie du es jetzt lebst und gelebt hast, wirst du noch einmal und noch unzählige Male leben müssen; und es wird nichts Neues daran sein, sondern jeder Schmerz und jede Lust und jeder Gedanke und Seufzer und alles unsäglich Kleine und Grosse deines Lebens muss dir wiederkommen, und Alles in derselben Reihe und Folge – und ebenso diese Spinne und dieses Mondlicht zwischen den Bäumen, und ebenso dieser Augenblick und ich selber. Die ewige Sanduhr des Daseins wird immer wieder umgedreht – und du mit ihr, Stäubchen vom Staube!‹ – Würdest du dich nicht niederwerfen und mit den Zähnen knirschen und den Dämon verfluchen, der so redete?«[11]

Wer sein Leben aus der ästhetischen Distanz betrachtet, wird die ewige Wiederkehr des Gleichen kaum mit dem tiefen Schrecken erfahren, mit dem Nietzsche sie beschreibt. Schließlich geht ihm nichts mehr wirklich nahe. Er fühlt vermutlich Langeweile oder Ekel. So haben Kierkegaard und Sartre dieses Gefühl umgedeutet.[12] Wer heute mit Eltern spricht, findet diese Gefühle in ihren Lebensbeschreibungen wieder. Die Ödnis der täglichen Routinen, das Verblassen der Freude am Lachen der Kinder, das bald nur noch nebenbei registriert und alsbald überhört wird – so wie beim Fauchen der Espressomaschine am Morgen, das man beim ersten Mal noch voller Stolz und Bewunderung wahrnimmt, aber nach zwei Wochen schon nicht mehr hört. So wie es dann Zeit wird für eine neue, bessere Maschine, sucht auch die Freude an den Kindern nach Abwechslung und Steigerung. »Können wir nicht mal etwas anderes machen?« »Ich fände es schön, wenn wir mit den Kindern.....«. Die Suche nach spektakulären Erlebnissen beginnt: die Eventisierung des Familienlebens.

Legoland, Playmobilland, Phantasia Land, Zoo, Safari, Grand Canyon, Sahara. Nächstes Jahr vielleicht auf den Mond. Und alles live auf Instagram. »Los jetzt Kinder, nicht trödeln!« »Die Mama und der Papa haben viel Geld bezahlt, um mit dir in die Therme zu gehen und wir sehen nicht ein, die ganzen Attraktionen zu verpassen, weil du nicht aus der Dusche kommen willst, Greta.« Sätze dieser Art habe ich schon oft Eltern sagen hören. *The show must go on.*

Der einzige Ausweg daraus wäre freilich, in das Leben zurückzukehren. Eine Grenze zu ziehen. Den Sprung in die Beschränkung zu wagen. Sich für das eine Wirkliche gegenüber dem vielen Möglichen zu entscheiden. *Entweder-Oder* zu sagen und zu leben. Es wäre die Aufgabe des schönen Lebens zugunsten des guten Lebens, keine ästhetische Entscheidung, sondern eine ethische. Ein Kind zu haben, ist eine gute Gelegenheit, das zu tun und das eigene Leben zu ändern. Einen anderen Menschen in die Welt zu setzen, ist nämlich eine absolute Entscheidung und keine relative wie die Anschaffung eines Haustiers oder einer Kaffeemaschine. Wenn ich mich für ein Kind absolut entscheide, verlangt das von mir, das Kind als anderen Menschen anzusehen und nicht als ein Objekt, das ich konsumieren kann. Es ist ein Wesen, das nicht nur eine Bedeutung für mich hat, sondern für das es selbst Bedeutung gibt. Dadurch wird es für mich unverfügbar, zu einem Anderen, ja eigentlich zu einem Fremden. Damit ist auch ein Perspektivwechsel auf mich selbst verbunden. Ich stehe nicht mehr in der Mitte meines Universums, König Kunde im Warenhaus der Welt, sondern am Rand einer großen Bühne, auf der ich nur eine Nebenrolle spiele. Ich relativiere nicht mehr Menschen zu Objekten und Objekte zu Waren, ich relativiere mich selbst, nämlich zu einem unter anderen.[13]

Mit diesem Perspektivwechsel wird es überhaupt erst möglich, eine moralische Haltung gegenüber meinen Kindern einzunehmen und mich beispielsweise zu fragen, was ich ihnen schulde. Das heißt, darüber nachzudenken, welche Ansprüche meine Kinder berechtigterweise an mich haben, weil ich sie in die Welt gesetzt habe, welche Ansprüche andere Menschen an mich haben, zu denen ich sie in die Welt gesetzt habe, und inwiefern ich diese Ansprüche erfüllen kann oder nicht. Eine moralische Einstellung gegenüber dem Kind wird ja auch von interessierten Vätern gerne behauptet, mitunter sogar mit dem Anspruch auf Vorbildlichkeit in dieser Hinsicht. Wer sich jedoch für seine Kinder und das Leben interessiert, dem ist es gar nicht möglich, sich ihnen gegenüber moralisch zu verhalten. Denn er sieht sie nur als Gelegenheit und nicht als eigenständige Personen – und das heißt, er ist ihnen gegenüber eigentlich gleichgültig.

Ich glaube, dass dieser Perspektivwechsel im Blick auf uns selbst und unser Leben die entscheidende Veränderung ist, die wir durchmachen können, wenn wir Kinder bekommen. Das heißt nicht, dass er nicht auch in anderen Lebenszusammenhängen angeraten wäre, aber während wir dort leichter darüber hinwegsehen können, werden wir durch unser Kind dazu gezwungen. Zumindest dann, wenn wir gegenüber dem, was in unserem Leben geschieht, nicht gleichgültig sind. Denn dann können wir mit unserem Kind die Erfahrungen machen, die ich oben beschrieben habe. Und wenn wir die Fremdheit und Unverfügbarkeit unseres Kindes einsehen, haben wir den Perspektivwechsel schon vollzogen. Es ist der Wechsel vom ästhetischen Standpunkt in den ethischen, vom schönen Leben in das gute Leben.

Wenn wir vom schönen Leben in das gute Leben wechseln oder »springen«, wie Kierkegaard sagt, ziehen wir eine Grenze: Wir beschränken uns in Anbetracht einer Vielzahl von Möglichkeiten auf das Wirkliche. Die Erfahrung des Verzichts und der Grenze ist auch für den Vater und das Kind zentral. Denn wenn beide ihre Rollen einnehmen, müssen sie auf etwas verzichten. Der Vater verzichtet darauf, Kind zu sein. Er erfährt eine Grenze und unterwirft sich einem Verbot. Diese Grenze gibt er an das Kind weiter, das darauf verzichtet, selbst Vater zu sein; es unterwirft sich ebenfalls einem Verbot.

Auf den ersten Blick mag es so aussehen, als ob das Vergnügen mit dieser Beschränkung weniger würde. Es wird jedoch mehr, denn mit der Beschränkung der Ressourcen ist ein Zuwachs an Realität verbunden. Wenn ich mich dazu entscheide, ein Kind zu haben, um ein Kind zu haben, und nicht, weil ich mir davon eine positive Bilanz meiner Freuden verspreche, befreie ich das Kinderhaben aus der Drift der Relativierungen. Ich verwandle eine der unzähligen Möglichkeiten in eine Wirklichkeit. Kierkegaard vergleicht auch das mit der Liebe. Während der romantische Liebhaber zwar alle Frauen haben kann, aber eben alle nur hypothetisch, hat der Ehemann nur die eine, auf die er sich festgelegt hat, die hat er aber wirklich.[14] Diese Beschränkung ist mit einem Zugewinn an Realität verbunden. Das Leben tritt aus dem Konjunktiv in den Indikativ. Und so ist es auch mit der Entscheidung für ein Kind. Ich entscheide mich damit gegen eine ganze Reihe anderer Dinge, die mir Freude machen könnten. Ich gewinne aber auch die Freiheit, die Freude, die es mir schenkt, nicht mit anderen Freuden vergleichen zu müssen. Aus vielen relativen Freuden wird eine absolute. Wenn Menschen es bereuen, Kinder bekommen zu haben *(Regretting Motherhood/Fatherhood)*, ist es oft so, dass sie die Freuden, die sie haben, immer noch mit den Freuden vergleichen, die sie nicht haben, aber vielleicht haben könnten, wenn sie keine Kinder hätten. Das heißt, sie haben die Entscheidung, Kinder zu haben, nicht als absolute Entscheidung getroffen. Sie unterwerfen sich keiner Grenze, sondern leben im Konjunktiv. Sie schwimmen in der Drift des Relativen.[15]

Ein anderer Grund für ihre Verzweiflung kann der sein, dass sie sich zwar für Kinder entschieden haben, um dieser Drift zu entkommen, diese Entscheidung aber nicht bewusst und konsequent getroffen haben. Vielleicht ist das sogar viel häufiger der Fall als das Erstgenannte. Menschen verzweifeln dann schon, bevor sie Kinder haben, an der ewigen Wiederkehr des Gleichen und meinen, dass sie ihr entkommen könnten, wenn sie ihr Leben änderten. Und eine große, aber auch relativ leicht zu erzielende Veränderung ist es, ein Kind zu bekommen. Nicht der hunderttausendste Abend in der Bar, nicht noch einmal Trekking in der Türkei. Den Sonntagen mit Bier und Formel 1 entkommen und dem Gefühl der Endlichkeit und Bedeutungslosigkeit des eigenen Lebens durch die Zeugung eines Kindes. Sobald es da ist, werden jedoch auch die Verluste spürbar, die seine Versorgung und Erziehung mit sich bringen.

Meine Frau und ich haben seit bald vier Jahren nicht mehr ausgeschlafen, die Tage, die sie ihren eigenen Körper für sich hatte, weil sie weder schwanger war noch stillen musste oder wollte, lassen sich an zwei Händen abzählen; wenn ein Kind krank wird oder die Betreuungseinrichtungen schließen, beginnen wir zu feilschen: Wer kann (muss unbedingt!) seine Arbeit machen, wer betreut die Kinder? Das ganze Leben unterliegt einer strengen Taktung aus Schlafens-, Essens-, Spielens- und Arbeitszeiten, die die persönlichen Freiräume auf ein Minimum zusammenschnurren lässt. Taylorismus des Familienlebens. Es soll Väter (und Mütter) geben, die sich im Bad einschließen, um einmal fünf Minuten ungestört zu sein. Anders als die Arbeiter in der vollständig durchstrukturierten (tayloristischen) Fabrik geben die Eltern ihr Herz jedoch nicht an der Pforte ab. Denn die Familienarbeit und ihr Leben sind identisch und das erzeugt permanenten Stress – zumindest dann, wenn die eigenen Ansprüche an die Ästhetisierung des Lebens, den Erfolg im Beruf und die Leistung als Vater oder Mutter hoch genug sind. Und dieser Stress kann schließlich in die Verzweiflung führen.

Kierkegaard nennt diese Verzweiflung die »Verzweiflung der Notwendigkeit«. Es ist eine Verzweiflung, die daraus resultiert, dass in meinem Verhältnis zu mir selbst die Möglichkeiten, mich selbst zu entwerfen und zu bestimmen verschwinden, weil das Notwendige dominiert, oder zumindest das, was mir als notwendig erscheint. Es ist ein Überschuss an Wirklichkeit und ein Mangel an Möglichkeit. Eben dadurch unterscheidet sie sich von der »Verzweiflung der Möglichkeit«, der Drift im Relativen, in der alles möglich erscheint, es aber an Wirklichkeit mangelt.[16]

Wie verbreitet diese Verzweiflung der Notwendigkeit gerade in bestimmten Kreisen ist, führt zum Beispiel der Bericht eines Vaters in der Wochenzeitung *Die Zeit* vor Augen. Er schildert, dass er – wie fast alle Väter in Deutschland – mit der Geburt seiner Kinder nicht weniger, sondern immer mehr gearbeitet habe. Die damit verbundene Anerkennung hat ihn zunächst gefreut. Er ist beruflich vorangekommen und die Familie genießt den höheren Lebensstandard, den das ermöglicht. Zugleich beschweren sich aber auch seine Kinder, dass sie ihn so wenig sehen. »Papa, warum arbeitest du immer?« Er könnte ihnen die Frage beantworten, indem er all die Dinge aufzählt, die sie von dem Geld kaufen, das er verdient: »deinen 400-Euro-Kindersitz, die große Wohnung, die Putzfrau, usw.« Er tut das aber nicht. Denn diese Antwort wäre nicht nur für seine Kinder unverständlich, sie überzeugt ihn auch selbst nicht. Er will nämlich nicht nur beruflich möglichst erfolgreich sein, den Lebensstandard erhöhen oder zumindest halten – etwas, das ohnehin immer schwieriger wird. Er will auch möglichst viel Zeit mit den Kindern verbringen, oder besser gesagt, möglichst viel Glück mit ihnen erleben. Dass seine Frau ihn hier übertrumpft, »schmerzt« ihn.[17]

Bei Licht besehen ist seine Lage jedoch gar nicht ausweglos, sondern nur insofern aporetisch, als er nicht alle Wege gleichzeitig gehen kann. Genau das erscheint ihm jedoch notwendig zu sein: Karriere zu machen, ein besonderes Leben zu führen und die Zeit mit den Kindern zu genießen. Je weiter er allerdings auf einem Weg voranschreitet, desto weiter bleibt er auf den anderen zurück. Dabei geht es vielen, die die Mutterrolle ergreifen, ganz ähnlich. Denn wer der Versorgung der Kinder wegen auf eine berufliche Karriere verzichtet, neidet dem anderen seinen Erfolg, die öffentliche Anerkennung, die Weite der Beziehungen und Kontakte gegenüber der Enge des häuslichen Kreises. Gleichzeitig soll jedoch nicht nur jeder Verlust an Behaglichkeit und Genuss vermieden werden, wie Schumpeter bemerkte, sondern das gesamte Leben soll sich überdies zu etwas runden, das so besonders ist, wie die modernen Menschen meinen, dass sie selbst es seien.[18] Das Ideal eines maximal erfüllten Lebens scheitert an der Konkurrenz der Ansprüche in der Wirklichkeit und diese Übermacht der Wirklichkeit gegen ihren Selbstentwurf bringt die Menschen zur Verzweiflung.

Die Ökonomisierung der Vaterschaft

Übermacht der Wirklichkeit bedeutet jedoch nicht nur, dass widersprüchliche Ansprüche in den Selbstentwürfen miteinander konkurrieren, sondern auch, dass diesen Selbstentwürfen eine zunehmend widerständige

Realität gegenübertritt. Sie zeigt auch den einzigartigsten Menschen ihre Grenzen auf und führt auch den engagiertesten Eltern vor Augen, dass Familie und Beruf, trotz aller gegenteiligen Beteuerungen, immer noch unvereinbar sind – zumindest in der geforderten Intensität. Allerdings leiden die Eltern hier nicht nur unter ihren eigenen Ansprüchen, sondern auch unter der »strukturellen Rücksichtslosigkeit« moderner Gesellschaften gegenüber Familien. Sie besteht darin, dass die Gesellschaften zwar in sehr hohem Maße von den Verpflichtungen profitieren, die Eltern für ihre Kinder übernehmen, diese aber gar nicht oder nur unzureichend honorieren und Eltern in vielen Lebensbereichen benachteiligen. Dazu gehört etwa die Wirtschaft. Sie profitiert zwar von der Sozialisation und Bildung der Kinder durch die Familie, weil so neue Arbeitskräfte und Konsumenten entstehen. Über den Wettbewerb der einzelnen Teilnehmer bevorteilt unser ökonomisches System jedoch diejenigen, die keine Ressourcen an die Kindererziehung verwenden – oder verschwenden, wie es in der Logik des Kapitalismus heißen müsste. Kinder zu versorgen und zu erziehen ist immer noch das größte Armutsrisiko und das größte Hindernis im Verfolgen einer Karriere. Ähnliches gilt für den Staat. Auch er profitiert in hohem Maß von den Leistungen der Familien, ohne sie angemessen zu belohnen. Der Soziologe Franz-Xaver Kaufmann beschreibt das Verhältnis von Wirtschaft und Staat zur Familie deshalb als »parasitär«.[19] Es ist jedoch vor allem das Verdienst der Geschlechtergeschichte, diese parasitäre Ausbeutung all derer, die sich der Pflege und Erziehung der Kinder oder anderer Care-Arbeit widmen, offengelegt zu haben. Denn ohne die vielen Milliarden Arbeitsstunden, die jedes Jahr (mehrheitlich von Frauen) unentgeltlich in deutschen Haushalten erbracht werden, wäre die intensive ökonomische Leistung, wie sie (mehrheitlich von Männern) in unserer Volkswirtschaft erbracht wird, überhaupt nicht möglich – es sei denn freilich, sie würde angemessen bezahlt. Dass das jedoch weder durch Steuervergünstigungen noch die verschiedenen Formen des Pflege- oder Elterngeldes geschieht, zeigen die Zahlen: Der Wert der unbezahlten Sorge-Arbeit entspricht vorsichtigen Schätzungen zufolge etwa einem Drittel des Bruttoinlandsprodukts. Daran reichen die Ausgleichszahlungen wie das Eltern- und Kindergeld oder entsprechende Steuervorteile jedoch bei Weitem nicht heran.[20] Diese Ausbeutung der Familien ist politisch gewollt, denn die Gewinne können nur auf ihrem Rücken erzielt werden, wie den Sozialpolitikern schon in der ersten Hälfte des 20. Jahrhunderts klar wurde. Durch die Senkung der Reallöhne ist der ökonomische Druck auf die Familie noch weiter gestiegen. Während es früher ausreichte, dass ein Elternteil gegen Bezahlung auf seiner Arbeitsstelle arbeitete, während der andere seine Arbeit unbezahlt zu Hause verrichtete, muss dieser zweite Teil jetzt in den allermeisten Fällen noch dazuverdienen, um den Lebensstandard zu halten oder überhaupt über die Runden zu kommen.[21]

Gleichwohl werden diese Widersprüche zwischen Familie und Wirtschaft kaum je anerkannt, insbesondere nicht von jenen, die sich in den öffentlichen Debatten um Elternschaft am lautesten zu Wort zu melden und, wie der Vater aus der *Zeit*, Führungspositionen besetzen. Denn ihre Beseitigung würde systemische Änderungen verlangen, die etwa darin bestehen könnten, die Sorge-Arbeit besser zu bezahlen, wofür die Steuern erhöht werden müssten, oder Bezahlung stärker an die Leistung zu binden und weniger an die Position, auf der sie erbracht wird.[22] Dann würden Menschen, die keine Karriere machen, finanziell nicht so stark ins Hintertreffen geraten, wie sie es jetzt tun. Die Spitzen der Gesellschaft profitieren jedoch von beidem, den niedrigen Steuern und der Ungerechtigkeit, die mit der Entlohnung nach der Position verbunden ist. Deshalb behaupten die Mütter und Väter dort weiterhin stur, dass keine grundlegenden Veränderungen notwendig seien, und versuchen an den Stellschrauben der eigenen Lebensführung so weit zu drehen, dass sich die widerstreitenden Ansprüche an die Elternschaft, Berufstätigkeit und Selbstverwirklichung in einem singulären Leben doch noch irgendwie versöhnen lassen – zumindest so weit, dass die Maschine, zu der sie ihr Leben gemacht haben, nicht in die Luft fliegt.[23]

Der Preis dafür ist jedoch hoch. Das strenge Regime der Selbstoptimierung, das sie sich auferlegen, führt immer öfter zur depressiven Ermattung des eigenen Antriebs oder zu zornigen Ausbrüchen gegen den Status Quo. Zu Letzteren zählen häufiger werdende Rufe nach einer Re-

stitution der patriarchalen Ordnung – mit einem starken Mann an der
Spitze und einem mütterlichen Weibchen an seiner Seite. Hier verbindet
sich eine ermüdete Emanzipation wieder mit dem Patriarchat, das ihr eigentlich wiederspricht. Auch im Spannungsfeld von Familie und Ökonomie scheint eine Art Vater oder ein, wie der Ökonom Adam Smith
sagte, »großer Lenker« zu fehlen, der mit unsichtbarer Hand unter den
Brüdern und Schwestern eine Art Harmonie schafft. Anscheinend ergibt
sich diese doch nicht von selbst, sondern nur dann, wenn »alle Bewohner
des Universums, die geringsten ebenso wie die höchsten, unter der unmittelbaren Fürsorge und dem Schutz jenes großen wohlwollenden und
allweisen Wesens stehen«, das Smith den »Vater« nennt, zu dem wir aber
auch Gott sagen können.[24]

Wenn die Eltern weder auf seine Wiederkehr warten noch in der Verzweiflung verharren wollen, die eine elende »Krankheit zum Tode« ist,
müssen sie den Sprung in das gute Leben wagen. Dass uns das heute noch
schwerer fällt als den guten Christen in Kierkegaards Dialogen, liegt zum
einen daran, dass die Ökonomisierung unseres Lebens die Geschlechterspannung so weit aufgelöst hat, dass auch die Rollen von Vater und Mutter in einer gesellschaftlichen Dynamik versinken, die Anerkennung und
Wertschätzung nur nach ökonomischen Kriterien bemisst. Und es liegt
zum anderen am Ideal eines singulären und maximal erfüllten Lebens und
daran, dass wir dieses Leben nur von der Geburt her denken, nicht aber
auch vom Tod aus betrachten.

Wie unglücklich die Ökonomisierung des Lebens auch die Väter macht,
können wir allenthalben beobachten. Ich sah das an meinem Schwager,
der meiner Schwester die Pflege und Versorgung der Kinder fast ganz
überließ, während er rund um die Uhr arbeitete, um der Familie ein möglichst gutes Auskommen zu bieten. *Providing for the family!* Wie deutlich
das den Vater von seiner Familie entfremdet, führt auch die Fernsehserie
Ozark (zwei Staffeln seit 2017) vor, in welcher der Familienvater Marty
Byrde aus ebendiesem Grund tonnenweise Schwarzgeld für die Mafia
wäscht – und den Kontakt zu seiner Familie erst dann wiedergewinnt, als
er sie daran beteiligt.

Bei meinem Schwager führte diese Arbeitsteilung dazu, dass sich seine
Kinder vor allem an ihre Mutter wandten, wenn sie Essen, Wärme, Trost,
Zuneigung und Unterhaltung suchten. Er stand für entsprechende Appelle oft nicht zur Verfügung oder delegierte sie, um für die Arbeit frei zu
sein. Daraus haben sich unterschiedliche Grade an Nähe und Entfernung
zwischen Eltern und Kindern entwickelt, die der besagten Konstellation
in Darstellungen der Heiligen Familie ähneln: Maria und Jesus sind zu-
sammengerückt, Josef steht etwas abseits am Rande. Das ist die traditionelle Familienkonstellation, Mutter und Kind bilden eine Einheit, der der
Vater äußerlich und fremd ist.

In beiden Familien, der Heiligen wie der traditionellen, ergibt sich die
Entfernung des Vaters aus seiner Stellvertretung. Josef vertritt Gott, der
traditionelle Vater vertritt die Ökonomie (oder das Gesetz usw.). Während Josef jedoch auf seine Rolle als Stiefvater festgelegt war, neigen traditionelle Väter dazu, sich selbst zum Stiefvater ihrer Kinder zu machen, indem sie das, was sie von der Familie entfernt, umso inniger umklammern,
desto weiter es sie entfernt, um diese Entfernung zu kompensieren. Ein
Teufelskreis. Als ich meinem Schwager einmal klagte, dass meine Kinder
viel stärker an ihrer Mutter hingen als an mir, obwohl ich mit ihnen genauso Zeit verbrächte wie sie, entgegnete er mir, das müsse mich nicht
stören. Irgendwann würde ihnen schon klar, wer das Geld nach Hause
bringt, und wenn sie dann jemanden bräuchten, der ihnen einen Döner,
eine Winterjacke oder ein I-Pad kauft, würden sie ihre Liebe zum Vater
schon entdecken.

Inzwischen hat mein Schwager diese Kompensation aufgegeben, denn
er hat eingesehen, wie problematisch sie ist. Indem sie die Anerkennung
des Vaters in der Familie an seinen Erfolg knüpft, setzt sie ihn ökonomisch stark unter Druck. Sie verweigert ihm das Recht auf ein karriere-
freies Leben, das ihm unter emanzipatorischen Gesichtspunkten zusteht.
Sie fördert die Auffassung des Vaters als hartem, durchsetzungsstarkem
Mann, damit zugleich die Verbreitung einer übersteigerten Männlichkeit,
und sie drängt ihn dazu, sich selbst als eine Maschine aufzufassen, die
nicht schwach oder krank, nicht empfindsam oder verletzlich sein darf.[25]

Schließlich entfernt sie auch den Vater aus der Familie, indem sie ihn gegenüber seinen Kindern als Vertreter eines Dritten etabliert. Er rückt in eine Distanz zu ihnen und wird zu einem bloßen Mittel ihrer Zwecke. Das machen vor allem Trennungen deutlich, nach denen die familiären Ansprüche an den Vater auf den monatlichen Scheck reduziert scheinen, den dieser zur Verfügung stellen soll. Es ist mehr oder minder verdeckt aber überall dort der Fall, wo der Vater sich allein auf die Vertretung der Ökonomie kapriziert und glaubt, seine Aufgabe mit der Beschaffung der für das Leben notwendigen Ressourcen erledigt zu haben. Wie übel das für ihn ausgehen kann, führt schon Honoré de Balzac in seinem Roman *Vater Goriot* vor. Goriot gibt sein ganzes Vermögen für seine Töchter aus, um von ihnen geliebt zu werden. Als das aufgebraucht ist, stirbt er arm, einsam und verlassen. Erst am Ende sieht er seinen Fehler ein:

>»Ah, wenn ich reich wäre, wenn ich mein Vermögen behalten, wenn ich
>es ihnen nicht gegeben hätte, so wären sie da, sie würden mir die Wangen
>mit ihren Küssen ablecken! Ich würde in einem eigenen Haus wohnen,
>ich hätte herrliche geheizte Zimmer und Bediente; sie wären ganz in Trä-
>nen aufgelöst, mit ihren Gatten und Kindern. Alles das hätte ich. Heute
>aber – nichts! Für Geld kann man alles haben, selbst Töchter. [...] Ein
>Vater muß immer reich bleiben, er muß seine Kinder an den Zügeln
>halten wie mutwillige Pferde. Und ich lag auf den Knien vor ihnen! [...]
>Und wenn die feinen Herrschaften meine Schwiegersöhne leise fragten:
>›Wer ist denn dieser Herr da?‹ so hieß es: ›Das ist der reiche Vater mit den
>Geldsäcken.‹ ›Teufel auch‹, war die Antwort, und man betrachtete mich
>mit aller Hochachtung, die meinen Geldern galt.«[26]

Selbstredend spitzt Balzac das Elend des Vaters, der sich zum bloßen Mittel der Zwecke seiner Kinder degradiert, indem er ihnen gegenüber nur
als Geldsack auftritt, melodramatisch zu. Dem Grundbefund der damit
verbundenen Entfernung aus der Familie tut das jedoch keinen Abbruch.
Es ließe sich vielmehr fragen, was es denn sonst sein sollte, das die Kinder
am Vater liebten, wenn nicht das Geld – zumindest dann, wenn er ihnen

gegenüber *nur* als Stellvertreter der Ökonomie auftritt. Er begeht dann
einen Fehler, den Aristoteles als einen Mangel an Väterlichkeit beschreibt,
genauer gesagt an Hausväterlichkeit. Der Hausvater oder Vorstand der
Hauswirtschaft *(oikodespotes)* ist eine zentrale Figur der aristotelischen
Ökonomie, die er im emphatischen Sinne als Hauswirtschaftslehre versteht. Emphatisch deshalb, weil er die Wirtschaft des Hausvaters als eine
im höheren Sinne vernünftige und gute Ökonomie von der bloßen Erwerbswirtschaft unterscheidet. Die Hausväterwirtschaft verdient nach
Aristoteles überhaupt nur den Namen »Ökonomie«, während die andere
eine bloße »Chrematistik« sei. Sie betreibt den Erwerb und vermehrt das
Geld um ihrer selbst willen und verkehrt also Mittel in Zwecke. Über
diejenigen, die so einer Ökonomie folgen, sagt Aristoteles,, »dass sie leben
wollen und sich um ein *gutes* Leben nicht kümmern«.[27] Diese Ignoranz
gegenüber dem guten Leben, das für Aristoteles das tugendhafte und freie
Leben ist, macht sich aufseiten der Chrematisten vor allem dadurch be-
merkbar, dass sie nur den Zwang der Notwendigkeit kennen, nicht aber
das Recht der Freiheit. Sie bekümmerten sich nur um die Mittel zum
Leben, nicht aber darum, welchen Zweck das Leben haben oder welche
Ziele wir unserem Leben geben könnten. Dieses Recht der Freiheit gegenüber der bloßen Notwendigkeit zu behaupten, ist für Aristoteles indes
eine zentrale Aufgabe der Väter.

Damit soll die Versorgungsleistung gar nicht geschmälert werden, denn
die erworbenen Ressourcen bieten die Grundlage nicht nur des bloßen,
sondern auch des guten Lebens, aber, so wie Aristoteles die Erwerbswirtschaft der Politik unterordnet, ist auch die Versorgerrolle des Vaters einer
Rolle untergeordnet, die sich aktiv an der Gestaltung der Lebensziele und
Zwecke orientiert und darunter nicht nur die Vermehrung der Lebens-
mittel versteht.

Damit würden die Väter nicht nur ein Stück weit von einem ökonomischen Druck befreit, der ihre Wertschätzung in der Familie an ihren
beruflichen Erfolg bindet, sondern könnten auch aufhören, die Stiefväter
ihrer eigenen Kinder zu sein. Als solche gleichen sie Josef, dem kleinen anderen, der den großen Anderen, also Gott, vertritt. Und aus dieser Stell-

vertretung folgt, dass die Liebe seiner Kinder eigentlich nicht ihm selbst gilt, sondern dem großen Anderen, den er vertritt. »It doesn't matter if you love him or capital HIM«, singt Lady Gaga.[28] So wäre mit dem Abstreifen der Stellvertretung nicht nur ein Zugewinn an Intimität verbunden, sondern überhaupt die Möglichkeit, für sich selbst geliebt zu werden und nicht nur für das, was der Vater vertritt. Gleichzeitig müsste sich die Rebellion der Kinder gegen diese großen Anderen (Gott, den König, das Gesetz, die Moral, die Ökonomie und wie sie alle heißen) nicht mehr gegen die Väter richten, sondern könnte sich mit ihnen verbinden.

All das setzt freilich voraus, dass eine angemessene andere Vaterrolle formuliert werden kann. Mit so einer Neuformulierung geht nicht nur die Neuaufrichtung der Geschlechterspannung einher, die die Rollen von Vater und Mutter wieder unterscheidet, sondern auch ein anderer Blick auf das Leben selbst. Denn ein weiterer Grund, warum es uns heute so schwerfällt, den Sprung in das gute Lebe zu wagen, ist unsere Auffassung vom Leben selbst: Wir neigen dazu, es nur von der Geburt her zu begreifen und nicht auch vom Tod aus.

Die Unstillbarkeit der Wünsche und das Leben von vorne

Diese Sicht auf das eigene Leben, die immer wieder zum Anfang zurückkehrt, anstatt zum Ende vorzulaufen, betrachtet es vor dem Hintergrund der Frage, was möglich gewesen wäre und nicht, was noch möglich ist. Sie denkt das Leben nicht zu Ende. Stattdessen erzeugt sie eine Unstillbarkeit der Wünsche, die uns notwendigerweise frustrieren muss. Und diese Frustration nimmt uns die Entschlossenheit, die wir für den Sprung in die Beschränkung brauchen. Wir verzweifeln.

Dafür sind die Memoiren der französischen Philosophin Simone de Beauvoir ein gutes Beispiel. Sie schreibt darin, es gäbe nicht viel auf der Welt, was sie nicht gesehen habe, »die Pekinger Oper, die Stierkampfarenen von Huelva [...], die Dünen von El Qued [...], die Morgendämmerung in der Provence [...], Castro, der zu 500 000 Kubanern spricht [...], die weißen Nächte von Leningrad [...], ein orangefarbener Mond über dem Piräus«.[29] Dabei sind ihre Reisen, die in der ersten Hälfte des 20. Jahrhunderts noch viel außergewöhnlicher waren, als sie es heute sind, bei Weitem nicht das einzige Spektakuläre in ihrem Leben. De Beauvoir war erfolgreiche Autorin, als Originalgenie gerühmt, mit den klügsten Köpfen ihrer Zeit befreundet und ist von vielen Menschen bewundert und geliebt worden. Es gibt wahrscheinlich wenig Menschen, die das Ideal der Erfüllung und Singularität, dem wir heute folgen, in größerem Maße erreicht haben als sie – und doch ist sie unzufrieden. Sie sieht ihr Leben im Rückblick als eine »Goldmine« und ist enttäuscht darüber, sie nicht vollständig ausgeschöpft zu haben. Gemessen an den unendlichen Möglichkeiten, die das Leben bietet, erscheint ihr ihre Ausbeute nicht groß genug.[30]

Sie kann es freilich auch gar nicht sein, denn wir sind weder unbeschränkt in unserem Erleben, noch unveränderlich, noch leben wir ewig. Jede Entscheidung für etwas birgt die Entscheidung gegen viele andere Optionen und die Gebundenheit unserer Handlungen und Erfahrungen in den für uns begrenzten Lauf der Zeit bringt es mit sich, dass wir nicht alles nachholen können. Türen schließen sich. Was möglich war, bleibt es nicht. So ist es schließlich auch, wenn wir eine Geschichte erzählen. Die Freiheit ist unendlich groß, aber nur bis das erste Wort gewählt ist. Dann ist auf einmal nicht mehr alles möglich. Mit jedem weiteren, das wir setzen, wird die mögliche Auswahl folgender Worte kleiner und je näher wir dem Ende kommen, desto geringer werden die Optionen, um die Geschichte abzuschließen. Im Leben ist das ähnlich. Wir sind bald schon kein unbeschriebenes Blatt mehr. So wie das, was sich schicksalshaft ereignet hat, trägt auch das Leben, das wir führen, seine Züge ein. Was wir vor uns haben, wird mit jedem Tag unseres Lebens weniger, was wir hinter uns haben mehr. Und an irgendeinem Punkt, den wir freilich nicht kennen, kippt die Waage und das Leben, das hinter uns liegt, ist größer geworden als das, das noch vor uns liegt. »Hälfte des Lebens« hat der Dichter Friedrich Hölderlin diesen Wendepunkt in einem Gedicht genannt und ihn mit Wehmut und Schrecken erfahren.

>»Die Mauern stehn
Sprachlos und kalt, im Winde
Klirren die Fahnen.«[31]

So lauten letzte Verse. Wie die Enttäuschung de Beauvoirs über die beschränkte Ausbeute ihres Lebens resultiert auch die Sprachlosigkeit von Hölderlins lyrischem Ich angesichts seines Endes daraus, dass beide das Leben nur von der Geburt her betrachten. Wer so auf sein Leben blickt, den muss es nicht nur am Ende enttäuschen, sondern der muss schon den von Hölderlin beschriebenen Kairos, also Wendepunkt, als Niedergang erfahren. Wer das Leben nur von der Geburt her denkt, dem erscheint der Lauf der Zeit als eine Zerrüttung. »Alle Tage sind zum Tode unterwegs, der letzte – er langt an.«[32] Unser Leben spannt sich auf zwischen Geburt und Tod. Wer sein Ende ignoriert, dem kann das Leben nicht gelingen. »Philosophieren heißt sterben lernen« überschreibt deshalb Michel Montaigne seinen *Essai*, aus dem ich gerade zitiert habe. Wir können auch sagen: Leben heißt sterben lernen, denn auch unser Leben ist ein Gehen zum Tode – und es kann uns nur gelingen, wenn wir diese Spannung zwischen Geburt und Tod, Zugewinn und Verlust, mitvollziehen und nicht einseitig nur auf das eine oder andere schielen.

Wenn wir unser Leben auch vom Ende her betrachten, lenken wir unseren Blick nicht nur auf das, was wir im Leben gewinnen, sondern auch auf das, was wir verlieren und von dem wir uns zu verabschieden lernen. Heidegger hat diese Antizipation des Endes ein »Vorlaufen in den Tod« genannt und gezeigt, wie sich die Erfahrung der Zeit ändert, wenn wir unser Leben nicht vom Anfang, sondern vom Ende her denken.[33] Was uns als Zerrüttung erschien, wird dann als Gewinn sichtbar. Unser Leben wird ganz. Wir bekommen es in den Griff. Denn die Vergegenwärtigung des Endes kann uns bewusst machen, was wir bestenfalls noch tun können und was nicht. Das gibt uns Kraft zum

Handeln. Wenn wir nicht mehr auf den Tod hin leben, sondern vom Tode her leben, verwandeln wir unsere Ohnmacht in Macht.[34] Schwermut verwandelt sich in Heiterkeit. Kein Klirren der Fahnen im Winde. Der Himmel ist blau.

Geburt und Tod geben dem Leben eine Ordnung, an die eine sinnvolle Bestimmung des Vaters anschließen kann. Er muss sich freilich mit der Mutter diese Ordnung teilen. Mit dem Bezug auf sie können wir die Entschlossenheit zurückgewinnen, die das zeitgenössische Ideal des maximal erfüllten Lebens vermissen lässt.

Kapitel 6

Mama activa oder
es lebe das Matriarchat

Vater und Mutter führen das Kind zusammen in die Ordnung des Lebens ein, das sich zwischen Geburt und Tod aufspannt. Deshalb möchte ich vorschlagen, die Leitunterscheidung von Vater- und Mutterrolle mit der Unterscheidung der Lebensweisen zu beschreiben, die Hannah Arendt als *vita activa* und *vita contemplativa* entwirft, zumal Arendt die *vita activa* auch von der Geburt her denkt, die *vita contemplativa* jedoch vom Tode her. An die Rollen von Vater und Mutter denkt Arendt dabei allerdings nicht. Mit dieser Verknüpfung gehe ich über Arendt hinaus. Arendt schließt in ihrer Bestimmung der *vita activa* und der *vita contemplativa* an eine antike Tradition an, die das in Nachdenken und Philosophieren versenkte Leben vom tätigen Leben unterscheidet. Aristoteles spricht vom theoretischen Leben und vom politischen Leben, die beide ihren eigenen Wert und ihr eigenes Glück bieten. Politisch zu leben heißt, sich um die öffentlichen Interessen zu kümmern, die uns Bürger »miteinander verbinden und zugleich voneinander scheiden«, wie Arendt schreibt, und zwar so, dass wir dabei die Pluralität der Standpunkte anerkennen, unparteiisch sind und versuchen, Konflikte in der gemeinsamen Diskussion zu lösen.[1] Arendt bezeichnet diese Tätigkeit als Handeln und schließt damit an die breite Tradition des Engagements in einer bürgerlichen Öffentlichkeit an, in der alle Fragen von gesamtgesellschaftlichem Belang verhandelt werden (sollen).[2]

Wenn ich die Rolle der Mutter mit der *vita activa* verbinde, wandelt sie sich von einer privaten zu einer öffentlichen Rolle. Sie verliert die traditionelle Bindung an den häuslichen Kreis und wird in das Zentrum des »Gewebes menschlicher Bezüge« gerückt. Hier besteht ihre Aufgabe innerhalb der Erziehung des Kindes vor allem in der Vermittlung aller Fähigkeiten, die die *vita activa* verlangt. Dazu gehören nicht nur politische Praktiken, sondern auch ökonomische und handwerkliche. Denn wenngleich das Handeln für Arendt die Königsdisziplin des tätigen Lebens ist, gehören dazu doch auch das Herstellen von Produkten und ihre Vermittlung auf dem Markt sowie das Arbeiten. Unter Letzterem versteht sie nicht nur die Mühsal des menschlichen Tuns, mit der wir uns der Not entgegenstemmen, sondern auch alle körperlichen Prozesse. Arbeit »entspricht dem biologischen Prozess des menschlichen Körpers« und dient dem Fortbestand des Lebens, nicht nur des Menschen, sondern jedes Lebewesens überhaupt. Diese Verknüpfung der *vita activa* mit dem Körper und vor allem dem Gebären ist für Arendt wichtig, weil sie im tätigen Leben die stete Möglichkeit eines Neuanfangs sieht. Politisch zu leben heißt, sich klar zu sein, dass man immer wieder neu anfangen kann. Diese Freiheit leitet Arendt aus der *Natalität* des Menschen ab, also dem Umstand, dass wir geboren werden, denn damit beweisen wir, dass wir selbst einen neuen Anfang machen können. Und das bedeutet für sie, politisch zu handeln.

>»Der Neubeginn, der mit jeder Geburt in die Welt kommt, kann sich in der Welt nur darum zur Geltung bringen, weil dem Neuankömmling die Fähigkeit zukommt, selbst einen neuen Anfang zu machen, d. h. zu handeln. Im Sinne von Initiative – ein initium setzen – steckt ein Element von Handeln in allen menschlichen Tätigkeiten, was nichts anderes besagt, als daß diese Tätigkeiten eben von Wesen geübt werden, die durch Geburt zur Welt gekommen sind und unter der Bedingung der Natalität stehen. Und da Handeln ferner die politische Tätigkeit par excellence ist, könnte es wohl sein, daß Natalität für politisches Denken ein so entscheidendes, Kategorien-bildendes Faktum darstellt, wie Sterblichkeit seit eh und je und im Abendland zumindest seit Plato der Tatbestand war, an dem metaphysisch-philosophisches Denken sich entzündete.«[3]

Politik ist das Metier der Mütter, zumindest dann, wenn sie so verstanden wird, dass sie tatsächlich einen Unterschied macht, die Initiative ergreift und neu anfängt und nicht nur das Getriebe des Herstellens und des Marktes schmiert, das auch in Arendts Diagnose alle echte Politik zu ersticken droht, weil die ökonomischen Kräfte dominieren. Die Politik der Mütter ist jedoch eine Politik der Sezession und der Revolution. Als Vorbilder dienen Arendt die amerikanische Unabhängigkeitserklärung und die Politik der Gründerväter, die sich für das Gemeinwesen einsetzten, ohne von der Politik leben zu müssen. Das kann man als eine Form politischer Romantik abtun, zumal Arendt selbst bei Erscheinen ihres Buches 1958 keinen Menschen mehr ausmachen konnte, der ihrem gleichsam elitären wie dilettantischen Ideal des politischen Lebens entsprach – ein fürwahr »irritierendes Resultat« in einem Buch, das behauptet, die Wesensbestimmung des Menschen bestünde darin, ein politisches Leben zu führen.[4] Das ließe sich jedoch auch als Ausgangspunkt einer feministischen Politik nehmen, die Emanzipation als Revolution, also als systematische Veränderung versteht, und nicht nur als Beseitigung der Hindernisse innerhalb des bestehenden Systems, mit denen sich Frauen in ihrer Selbstverwirklichung konfrontiert sehen, weil sie zum Beispiel in der Karriere benachteiligt werden. Hannah Arendt ist aus feministischer Sicht stark kritisiert worden, weil sie die antike Polis glorifiziert habe (obwohl diese Frauen ausgeschlossen und Sklaven ausgebeutet habe), soziale Ungleichheit nicht als Ausgangspunkt von Politik denke und frauenspezifische Ausschlüsse aus dem Politischen ebenso wenig thematisiere wie eine geschlechtsspezifische Arbeitsteilung.[5] Gerade so eine schlage ich hier jedoch mit Blick auf die Rollen von Vater und Mutter vor. Wenn Feministinnen wie die Mitglieder der Burschenschaft Hysteria fordern, »dass die Sphäre des aktiv öffentlich Politischen der Frau vorbehalten«, sein sollte, spitzen sie die Verbindung der *vita activa* mit der Rolle von Frauen natürlich ironisch zu.[6] Ich glaube jedoch, dass die Unterscheidung von *vita activa* und *vita contemplativa* ein sinnvoller Ausgangspunkt für Überlegungen darüber sein kann, wie sich die Rollen von Vater und Mutter bei der Erziehung des Kindes innerhalb der Ordnung von Geburt und Tod

aufteilen können, in die sich das Leben aufspannt. Denn die *vita activa*
ist das Leben von vorn; es ist die Biographie als Goldmine und der Traum
von einem Land der unbegrenzten Möglichkeiten, es ist die *Marlboro wo-
man* im Sattel der Geschichte und der Mond über dem Piräus, es ist die
Sezession und der immerwährende Neuanfang, es ist eine Republik der
Schmetterlinge und Castro, der vor 500 000 Kubanern spricht, während
vor Capri die rote Sonne im Meer versinkt.

Wenn ich die Mutterrolle mit der *vita activa* und die Vaterrolle mit
der *vita contemplativa* verbinde, verstehe ich Letztere jedoch anders als
Arendt, die sich der platonischen Tradition anschließt. Platon verlangt
vom Menschen, der philosophieren möchte, sich in einen Zustand zu begeben, der dem Tod ähnlich ist. Der Tod besteht seiner Ansicht nach in
einer Scheidung von Leib und Seele und diese Scheidung soll – zumindest
in der Vorstellung – auch der Philosoph vollziehen, wenn er die ewigen
Ideen schauen will. »Also hierin zuerst zeigt sich der Philosoph als ablö-
send seine Seele von der Gemeinschaft mit dem Leibe vor den übrigen
Menschen allen«, sagt Sokrates in Platons Dialog *Phaidon*. Dabei meint
der Ausdruck »hierin«, dass der Philosoph sich keine Mühe gibt »um die
sogenannten Lüste, wie um die an Essen und Trinken«, und »nichts weniger wohl um die aus dem Geschlechtstriebe (...) und um die übrige Besorgung des Leibes«, und auch nicht um »schöne Kleider und Schuhe und
andere Arten von Schmuck des Leibes«. »Verachten dünkt mich, wird
es [also dies alles] der wahrhafte Philosoph.«[7] Sloterdijk hat den platonischen Philosophen ob dieser Abwendung vom Leben als Scheintoten
bezeichnet.[8] Das Vorlaufen zum Tod, von dem ich für die väterliche *vita
contemplativa* ausgehe, unterscheidet sich von der Lebensferne dieser Auffassung durch Lebensnähe. Es sieht nicht vom Leben ab, sondern gewinnt
aus der Vergegenwärtigung des Todes im Leben den Impuls, sich im Leben zu engagieren und für sich selbst zu sorgen.

Kapitel 7

Von der Mutter lernen wir zu leben, vom Vater zu sterben

Die Verbindung der Mutterrolle mit der Geburt und der Vaterrolle mit dem Tod ergeben sich nicht nur aus dem Sinn der Begriffe, der zumindest die Mutter mit der Geburt verbindet, sodass dem Vater – vor dem Hintergrund der hier verwendeten Leitunterscheidung komplementärer Rollen und der Ordnung, in die sich das Leben aufspannt – der Tod zufällt. Sie ergibt sich auch aus den ersten Erfahrungen, die Kinder mit Verlust und Verzicht machen können und die an die Mutterrolle gebunden sind. Zum Beispiel dann, wenn die Mutter ihnen die Brust entzieht oder auch nur nicht gleich zur Stelle ist, wenn das Kind Hunger hat. Das sind Erfahrungen des Lebens und eben nicht des Todes.

Hunger, das kennen wir auch als Erwachsene, kann uns packen wie ein Dämon. Der Hunger hat uns und wir können nicht weg. Wir müssen ihn stillen. Für Säuglinge, die das nicht wissen, kann Hunger eine beängstigende Erfahrung sein. Sie meinen dann, von einer fremden Gewalt in ihrem Innersten ergriffen und ihr ausgeliefert zu sein. Vielleicht geht es ihnen wie dem Erzähler in Knut Hamsuns Roman, der über den Hunger, den er nicht stillen kann, sagt, »ich fühle mich selbst wie ein zugrunde gehender Wurm.«[1] Wenn das Kind Glück hat, kommt jedoch die Person, die hier als Mutter agiert, rasch, stillt seinen Hunger und hilft ihm so, das »innere Drama heil zu überstehen«, wie die Psychoanalytikerin Melanie Klein schreibt.[2] In der Symbiose mit der Mutter entrinnt das Kind dem drohenden Tod. Die Mutter ist das Leben.

Ganz ähnlich wie mit dem Hunger, der uns beherrscht, kann es uns auch mit der Zeit gehen. Wir können das Gefühl haben, dem Diktat der Zeit unterworfen zu sein. In diesem Sinne spricht etwa der Philosoph Michael Theunissen von einer »Herrschaft der Zeit«, und meint, dass wir ihr entkämen oder uns von ihr befreiten, wenn wir zum Tode als dem Ende der Zeit für uns vorliefen und von da aus auf das Leben zurückblickten, das heißt auch auf das, das eigentlich noch vor uns liegt.[3] Wenn wir so vom Ende her auf unser Leben blicken, steigen wir aus dem Fluss des Lebens aus und nehmen einen Platz am Ufer ein. Wir rücken in eine Distanz zu den Dingen, die uns erlaubt, über sie nachzudenken und uns zu ihnen aktiv in Beziehung zu setzen. Wir werden dann nicht vom Lauf der Welt fortgerissen, sondern können mit ihm interagieren, das heißt: unser Leben in den Griff bekommen. Diese Haltung gegenüber dem Leben kann der Vater dem Kind vermitteln, indem er sie ihm vorlebt und mitteilt – indem er sich mit ihm ans Ufer setzt und zuschaut, wie alles fließt.

Mit Papa am Fluss sitzen

Wenn Vater und Kind so auf den Fluss blicken, fällt ihnen zunächst auf, dass der Lauf der Zeit darin besteht, dass die Dinge in der Zeit, nämlich nacheinander geschehen und aufeinander und anscheinend auch aus einander folgen. Wir erfahren die Zeit im Wandel der Dinge. Das, was ist, sinkt hinab zu dem, was war. Die grundlegende Erfahrung der Zeit, wie wir sie im Vorlaufen zum Tode machen, ist also eine Erfahrung des Verlusts, »des Vergehens und Vernichtens«.[4] Sie besagt, dass alles, was entsteht, zugrunde geht. Diese Erfahrung machen meine Tochter Marianne und ich, wenn wir nachmittags am Ammersee sitzen und Steine ins Wasser werfen, die konzentrische Kreise zu uns zurück an den Strand treiben. Wir sehen dann, »wie von der Welle die Welle gejagt wird, wie, von der kommenden selbst gedrängt, sie die vorige drängt, so flieht und verfolgt zugleich auch die Zeit«.[5] »Noch einmal, noch einmal«, ruft unterdessen meine Tochter. Aber nach zwanzig oder dreißig Steinen steht sie auf, wischt ihre Hände an meiner Jacke ab und will gehen. Denn so, wie die Wellen auf die Kiesel laufen, hasten unsere Minuten ihrem Ende zu.[6] Zeit fürs Abendbrot.

Dass die Zeiten einander fliehen und folgen wie die Wellen und dass alles fließt, wie Heraklit sagte, wird meiner Tochter vielleicht nur dunkel klar. Wir müssen jedoch auch keine Philosophen sein, um zu erkennen, dass sich alles unablässig erneuert und was war, zurückbleibt. Viele Menschen, denen dieser Wandel voll bewusst wird, leiden an dieser Erkenntnis. Sie verfallen einer Hast und Hetze oder versuchen, sich durch die Ästhetisierung ihres Lebens gegen das Vergehen zu wappnen. Ersteres wird gerne als Kennzeichen der Moderne ausgewiesen, die allgemeine Beschleunigung des Lebens, Letzteres als eine noble Form sich ihr zu verweigern. Beide Reaktionen führen jedoch nicht dazu, das eigene Leben als Ganzes zu begreifen und in den Griff zu kriegen. Für die moderne Hetze ist das offensichtlich, für ihre noble Verweigerung lässt es sich leicht einsehen.

Die Dandys kippen von den Marmorklippen

Die Noblesse der Ästhetisierung wird dadurch gewonnen, dass die Erfahrung der Vergänglichkeit stilisiert, das heißt, in ein reines Oberflächenphänomen verwandelt wird. »Der große Stil entsteht, wenn das Schöne den Sieg über das Ungeheure davonträgt«, schreibt Nietzsche.[7] Dieses Ungeheure ist der »Verlust der utopischen Sphäre« – der Hoffnung, dass mit einem bloßen Vorwärts in der Zeit auch zugleich ein Aufwärts im Leben verbunden ist und die Rückkehr eines goldenen Zeitalters nicht mehr allzu lange auf sich warten lässt. Wer nur lange und tüchtig genug im Strom der Zeit mitschwimmt, der feiert alsbald den Sonntag des Lebens. Daran glauben aber nur noch »die philosophischen Nachfahren des deutschen Idealismus«.[8] Die Ästheten tun es schon lange nicht mehr. Ihr schöner Stil, der aus dem vermeintlichen Sieg über dieses Ungeheure hervorgeht, ist das Produkt eines Perspektivwechsels. Er richtet sich vom Lauf der Zeit auf den einzelnen Moment. Aus der Erfahrung, dass alles vergeht, entsteht ein Abschiedsbewusstsein, das die Gegenwart als immer schon vergangene erlebt. Jeder Augenblick wird gleich schon nur noch Erinnerung sein. Das gilt vor allem für das Schöne.

»Auch das Schöne muß sterben! [...] Da weinen die Götter, es weinen die Göttinnen alle, / Daß das Schöne vergeht«.[9]

Diese Verse sind aus einer Elegie Friedrich Schillers. Sie führt vor, dass die ästhetischen Melancholiker den realen Augenblick in einen schönen Augenblick verwandeln, weil der schöne Augenblick oder der Augenblick des Schönen verspricht, die deprimierenden Konsequenzen der Einsicht in das Ungeheure aufzufangen. Der Ästhet, der vom Glücksversprechen der modernen Teleologie enttäuscht worden ist, verwandelt den realen Abschied in ein literarisches Phantasma und rettet sich in das Gegenglück einer rhetorisch fein ausziselierten Melancholie.[10] Er verbirgt seine Verletzung hinter einer Maske des Schönen. An diese Masken knüpft eine lange Tradition des ästhetischen Antimodernismus an, die von den klassizistischen Elegien Goethes und Schillers, den dionysischen Räuschen Friedrich Nietzsches und dem Dandytum Ernst Jüngers (um einmal nur deutsche Autoren zu nennen) bis in die Ästhetisierung des Lebens dieser Tage reicht. Auch das überträgt sich auf die Rolle des Vaters: das Kind im alten 911er in die Kita fahren und das auf Instagram teilen, mit handgenähten Budapestern im Sandkasten sitzen und darüber ein Buch schreiben, sich zusammen mit dem Sohn denselben Undercut schneiden und sich mit der modisch ausstaffierten Tochter auf gesellschaftlichen Events sehen lassen – das alles sind Formen eines verbilligten Dandytums, das glaubt, sich mit der Ästhetisierung des eigenen Lebens und des Augenblicks gegen die Vergänglichkeit stemmen und dem flüchtigen Moment Bedeutung verleihen zu können.[11]

Doch so hart und glatt sich die schöne Form auch geben mag, mit der Entschlossenheit, die es braucht, um zum Tode vorzulaufen, hat sie nichts zu tun. Das zeigt beispielsweise das Pariser Kriegstagebuch von Ernst Jünger. Jünger ist ein großer Stilist und ein Effekt dieses Stils ist die Pose göttergleicher Überlegenheit, in der er dem Lauf der Zeit gegenübertritt. Konfrontiert mit der grausigen Realität des Todes verschlägt es ihm jedoch nicht nur die Sprache. Seine Maske fällt und entblößt einen Menschen, der dem Ungeheuren nichts entgegenzusetzen hat, wie der Eintrag vom 29. Mai 1941 zeigt. In ihm schildert Jünger die Hinrichtung eines Deserteurs, die er leiten muss. Das ist ihm unangenehm – nicht, weil er das Urteil für unbillig hielte, er mag dem Tod nicht ins Auge sehen. Schließlich siegt aber doch die Wissbegierde. Die Sache könnte interessant werden: »Im Grunde war es höhere Neugier, die den Ausschlag gab. Ich sah schon viele sterben, doch keinen im bestimmten Augenblick. Wie stellt sich die Lage dar, die heute jeden von uns bedroht und seine Existenz schattiert? Und wie verhält man sich in ihr?«[12] Jünger interessiert sich für das Schauspiel der Hinrichtung, weil er etwas über seinen Tod erfahren möchte. Wie ist es, wenn ein Mensch stirbt? Wie wird es sein, wenn ich sterbe? »Das bist du!«[13] Diese vom Philosophen Arthur Schopenhauer entliehene Wendung leitet Jüngers Sicht auf die Erscheinungen. Und als der kühle Beobachter und exakte Naturwissenschaftler, der er ist, erscheint ihm die Erschießung des Kameraden eine willkommene Gelegenheit, am Beispiel seines Todes zum eigenen Tod vorzulaufen. Jünger protokolliert das Geschehen zunächst wie ein Experiment. Die kühle Gelassenheit kann er jedoch nicht durchhalten. Seine Erregung beginnt mehr und mehr den Text zu durchzittern. Und so erfahren wir viel über die Vorbereitungen, wer wo stand und wer was zu wem sagte, von welcher Qualität die Stoffe waren, aus denen die Uniform des Verurteilten bestand, wie seine Garderobe und sein Gesicht geschnitten waren und wie er den Kragen trug. Jünger, der in Leipzig und Neapel Zoologie studiert und sich der Insektenkunde verschrieben hatte, berichtet genau über eine Fliege, die um die Wange des Delinquenten spielte und »sich einige Male dicht neben seinem Ohr festsetzte«. Über das eigentliche Phänomen, das er an der Erschießung wie in einer Versuchsanordnung hatte beobachten wollen, erfahren wir nichts.[14] Wie ist es, wenn ein Mensch stirbt? Was bedeutet es für Jün-

ger? Was verrät ihm der Tod des Kameraden über seinen eigenen? Was ist
es, was ihm, wie er schreibt, »in grauenhafter Weise deutlich geworden«
ist? Und worin besteht dieses Grauen? Das alles herauszufinden, darauf
richtete sich doch seine »höhere Neugier«. Jünger berichtet in eleganter
Prosa über die Qualität von Stoffen, den Flug einer Fliege und die Farbe
einer Spielkarte, vom Ergebnis seines Experiments mit dem Tode weiß
er jedoch nichts zu berichten, weil seine Kunst hier versagt. Seine Desin-
volture, seine künstliche Distanz, mögen in den hellen, klaren Räumen
des schönen Stils, den Kristallen, aus denen heraus er die Welt betrachtet,
wirksam sein, sie fällt jedoch wie ein Kartenhaus in sich zusammen, sobald Wind weht.

In ihrer Einbildung können die Dandys im Kaukasus spazieren gehen.
Konfrontiert mit realem Verlust, kippen sie jedoch von den Marmorklip-
pen, denn ihre Pose der Überlegenheit ist nur ein Phantasma. Deshalb
ist nicht nur die zeitgenössische Ästhetisierung der Kinder Unfug: die
der Väter ist es auch. Vater zu sein, ist keine Frage der Garderobe, der
skrupulösen Aufmerksamkeit auf Nuancen und Details, der schönen
Metaphern und der Verschönerung des Lebens, wie YouTube-Influencer,
Social-Media-Promis und das aufgeschreckte Feuilleton uns glauben machen wollen, sondern eine Frage der Haltung, und zwar der Haltung zum
Lauf der Zeit, zum Leben, zum Kind, zu sich selbst. Weder dem Vater
noch dem Kind, das ihn nachahmt, hilft die Beantwortung von Stilfragen
dabei, das Leben in den Griff zu kriegen. Das gelingt nur, wenn der Vater
ihm vorlebt, wie es eine Tiefendimension der Zeit gewinnt, das heißt, wie
es in den Fluss der Zeit wieder eintaucht und unterhalb der chronologi-
schen Ordnung, dem bloßen Vergehen der Zeit, sich selbst als jemanden
begreift, der nicht nur eine Gegenwart, sondern auch eine Vergangenheit
und eine Zukunft hat. Der Kirchenvater Augustinus hat diesen Wechsel
von der linearen Zeitordnung in eine dreidimensionale Zeitordnung als
einen Wechsel von der äußerlichen Zeiterfahrung in die innerliche oder
seelische Zeiterfahrung beschrieben.[15]

Das Gehen auf tauendem Eise

Und tatsächlich ist mit dem Perspektivwechsel eine andere Erfahrung der Zeit verbunden, nicht aber eine andere Zeit, denn es gibt natürlich nur die eine Zeit, die unaufhörlich voranschreitet und uns mitreißt.[16] Indem wir unsere eigene Erfahrung jedoch in die drei Dimensionen aufspannen, die sie für uns hat, gewinnen wir eine Souveränität gegenüber dem, der nur im Fluss der Zeit mitschwimmt. Augustinus vergleicht beide mit einem Sänger und seinem Zuhörer. Während Letzterer nur Vers für Vers wahrnimmt, hat der Sänger das ganze Lied im Kopf. Ihm ist nicht nur das Gegenwärtige und das Vergangene, das Gesungene, bewusst, sondern auch das Ende, und damit das ganze Lied.[17] Während der eine das Lied beziehungsweise die Zeit nur erlebt, wird sie vom anderen gelebt.

Zum Tode vorzulaufen heißt also, das eigene Leben in den Griff zu bekommen, es zu leben und nicht nur zu erleben, es zu singen. Dabei versöhnt es uns nicht nur mit dem Vergehen und Vernichten – denn es ist ja vollkommen töricht, sich über etwas zu empören, das den Lauf der Dinge nicht nur bestimmt, sondern der Lauf der Dinge *ist*. Darüber hinaus macht uns der Zugriff auf das Leben als Ganzes auch entschlossen, das Leben zu gestalten und dem Verlust etwas entgegenzusetzen.

Das Leben gestalten heißt nicht, dass wir allein bestimmen können, was uns widerfährt und was nicht. Aber wir können uns entscheiden, was wir uns von all dem zu eigen machen und was nicht, was uns wichtig ist und was nicht, und wie wir die Töne, die uns das Leben zu singen aufgibt, interpretieren. Dadurch werden wir frei. Denn frei zu sein heißt nicht, dass ich tun und lassen kann, was ich will, und mir nur die Dinge widerfahren, die ich mir wünsche. Frei zu sein heißt, dass ich mich entscheiden kann, wie ich mich zu den Dingen, die mir begegnen, verhalte, und für welche Wünsche und Ziele, die in mir auftauchen, ich mich entscheide. »Wenn wir genau das tun, was wir wollen«, so der Philosoph Harry Frankfurt, »handeln wir frei. Eine freie Handlung ist eine Handlung, die eine Person ausführt, weil sie sie ausführen will. Frei zu handeln heißt, diese harmonische Übereinstimmung zwischen dem, was man tut, und dem, was man will, aufrechtzuerhalten.«[18] Freiheit ist also eine Weise, das Leben so zu gestalten, dass es zum eigenen Leben wird. Das gelingt mir nur, wenn ich das Leben als Ganzes betrachte und also auch vom Ende her denke. Denn nur dann kann ich entscheiden, was ich sinnvollerweise noch tun kann und was nicht. Nur dann kann ich meine Prioritäten sinnvoll setzen und mich voll und ganz in meine Zukunft werfen. Sich in diesem Sinne in die Zukunft zu werfen heißt, für uns selbst zu sorgen, und es heißt, zum Einverständnis mit uns selbst zu kommen. Dieses Einverständnis mit sich selbst ist »das Höchste, worauf sich unsere Hoffnung richten kann«, wie der Philosoph Baruch de Spinoza sagt.[19] Mit uns selbst übereinzustimmen heißt, für uns selbst zu sorgen. Für uns selbst zu sorgen heißt zu entscheiden, was uns wichtig und was uns weniger wichtig ist. So lernt das Kind, sich selbst ernst zu nehmen und den Horizont der Dinge, die für es wichtig sind, selbst zu gestalten. Es übernimmt schließlich Verantwortung für sich selbst, es wird zum Herren seiner selbst. Es wird erwachsen.

Um erwachsen zu werden, reicht es also nicht aus, den eigenen Verstand gebrauchen zu können, wie die Philosophin Susan Neiman mit Kant meint. Denn das tun auch de Beauvoir und andere, wenn sie ihr Leben von der Geburt her denken, es als Goldmine ansehen und dann von der Ausbeute enttäuscht sind.[20] Erwachsen ist, wer entschlossen dem eigenen Tod ins Auge blickt, wer den Verlust erträgt, wer die Balance über dem Abgrund hält und mit sich selbst übereinstimmt. Übereinstimmung mit mir selbst bringt ein inneres Gefälle hervor zwischen den Dingen, die mir wichtig sind, und denen, die mir weniger wichtig sind, wobei die wichtigeren die Überhand gewinnen.[21] Wer dieses innere Gefälle herstellen und durchsetzen kann, bildet eine Ordnung seines Herzens aus und sorgt für sich selbst. Augustinus sagt deshalb, dass eine Ordnung des Herzens zu haben, mit dem Besitz von Tugend identisch sei.[22]

Mit der Tugend rückt noch einmal die Idee des Ethos in den Blick, den zu vermitteln ich oben schon einmal als zentrale *fathercraft* angesprochen habe. Denn das Ethos ist ein Habitus des Wählens, er bringt das innere Gefälle hervor, das ich errichten muss, wenn ich für mich selbst sorgen will. Da das Kind noch nicht für sich selbst sorgen kann, wäre es die Aufgabe des Vaters, ihm ein Ethos zu vermitteln. Ich würde das selbst gern tun, meinen Töchtern sagen, was das Gute und was das Schlechte ist. Aber mit welcher Autorität will ich sprechen? Vom Gesetz kann ich mir keine leihen. Es bliebe die meiner Erfahrung, geschöpft aus dem Lebensvorsprung von vierzig Jahren. Aber warum sollten meine Töchter etwas davon annehmen, nachdem sie mit mir am Fluss gesessen und gesehen haben, dass alles fließt, alles vergeht und nichts bleibt, wie es war. Immerhin müsste das auch für das gelten, was meiner Erfahrung nach gut und schlecht ist. Denn auch was wir wert halten, wandelt sich im Fluss der Zeit und schmilzt wie dünnes Eis, über das der Tauwind geht. »Das macht die Zeit, in die wir geworfen sind«, schreibt Nietzsche,

»– die Zeit eines großen immer schlimmeren Verfallens und Auseinanderfallens, welche mit allen ihren Schwächen und noch mit ihrer besten Stärke dem Geiste der Jugend entgegen wirkt. Das Auseinanderfallen, also die Ungewißheit ist dieser Zeit eigen: nichts steht auf festen Füßen und hartem Glauben an sich: man lebt für morgen, denn das Übermorgen ist zweifelhaft. Es ist Alles glatt und gefährlich auf unsrer Bahn, und dabei ist das Eis, das uns noch trägt, so dünn geworden: wir fühlen Alle den warmen unheimlichen Athem des Thauwindes – *wo* wir noch gehen, da wird bald Niemand mehr gehen *können*.«[23]

Die Orientierungslosigkeit, die seit Shaftesbury als Kennzeichen einer »vaterlosen Welt« ausgemacht worden ist, der die »Beziehung auf das Ganze« fehlt, klingt hier genauso an wie die große Bewegung des Vergehens und Vernichtens, die wir beobachten können, wenn wir dem Fluss der Zeit zuschauen.[24] So kann eine Erfahrung der Drift entstehen, die Nietzsche in *Die fröhliche Wissenschaft*, in der Ausarbeitung der oben zitierten Sätze zu einem Aphorismus, als »Heimatlosigkeit« beschreibt.

»Wir Heimatlosen. – Es fehlt unter den Europäern von heute nicht an solchen, die ein Recht haben, sich in einem abhebenden und ehrenden

Sinne Heimatlose zu nennen – ihnen gerade sei meine geheime Weisheit und gaya scienza ausdrücklich ans Herz gelegt! Denn ihr Los ist hart, ihre Hoffnung ungewiß, es ist ein Kunststück, ihnen einen Trost zu erfinden – aber was hilft es! Wir Kinder der Zukunft, wie vermöchten wir in diesem Heute zu Hause zu sein! Wir sind allen Idealen abgünstig, auf welche hin einer sich sogar in dieser zerbrechlichen, zerbrochenen Übergangszeit noch heimisch fühlen könnte; was aber deren ›Realitäten‹ betrifft, so glauben wir nicht daran, daß sie Dauer haben. Das Eis, das heute noch trägt, ist schon sehr dünn geworden: der Tauwind weht, wir selbst, wir Heimatlosen, sind etwas, das Eis und andre allzudünne ›Realitäten‹ aufbricht ...«.[25]

Viel mehr noch als die Väter, die selbst schon, halb verloren, auf dünnem Eis stehen, das unter ihren Füßen taut, trifft diese Orientierungs- und Heimatlosigkeit die Kinder. Sie werden dort, wo ihre Väter noch flüchtigen Halt fanden, schon nicht mehr stehen können. Denn heute ist die Rede vom tauenden Eis, auf dem wir stehen, nicht mehr nur eine Metapher. Es schmilzt in der Arktis und lässt Meeresspiegel und Temperaturen steigen; die Klimagas-Emissionen steigen und die Wälder schwinden. All das ist in einem Netz sich gegenseitig verstärkender Umschlagpunkte (*tipping points*) miteinander verbunden, die den ökologischen Bankrott immer wahrscheinlicher machen.[26] Dieser gesteigerten Unsicherheit der Lebensumstände steht jedoch keine größere Festigkeit der Grundsätze gegenüber. Im Gegenteil: Die Orientierungs- und Heimatlosigkeit, die Nietzsche beschreibt, hat noch weiter zugenommen und trifft die Jüngeren noch stärker als die Altvorderen. Das heißt allerdings nicht, dass sie untergingen, es heißt nur, dass sie weitergehen müssen, dass sie nicht stehenbleiben dürfen und dass sie, wie ihre Väter und die Vorväter bei Hebel, immer neu anfangen müssen. Was sie von ihren Vätern erben, ist kein Gesetz, sondern eine artistische Haltung dem Leben gegenüber und ein Mut zum Risiko – das Ethos eines Artisten. Denn Vater zu sein, ist eine Kunst. Die Argonautensage führt das am Beispiel des berühmten Bogenschützen Alkon vor, der bemerkte, dass sein Sohn Phaleros auf einer

Wiese eingeschlafen und zum Opfer einer Schlange geworden war. Das Tier hatte sich schon um Phaleros geschlängelt und war im Begriff, ihn zu erwürgen. Alkon erstarrte kurz vor Schrecken, zückte dann aber Pfeil und Bogen und schoss so, dass die Schlange getötet wurde, Phaleros aber unverletzt blieb. Der Junge wurde mit einem Schlag geweckt und dem Tode entrissen. Der römische Dichter Marcus Manilius, der diese Szene in einem astronomischen Lehrgedicht zitiert, schreibt darüber:

»Die Kunst war es, Vater zu sein; die Natur hat die Gefahr besiegt / Und entriss den Jungen zur gleichen Zeit dem Tode und dem Schlaf.«[27]

Zu den Pfeilen, die die Väter der Zukunft ihren Kindern in den Köcher legen, gehört zum einen die Einsicht in die Offenheit des Zeitverlaufs. Denn dass die Zeit vergeht, heißt jenseits aller physikalischen und sozialen Einteilungen nicht nur, dass alles vergeht, sondern auch, dass alles anders werden kann. Wir verlieren nicht nur das Angenehme, auch das Unangenehme geht vorüber. Diese Offenheit des Zeitverlaufs überträgt sich auf uns. Wir merken, dass wir in eine ganze Reihe von Zusammenhängen eingebettet sind, die unser Leben bestimmen, die wir aber nicht selbst bestimmen. Heidegger nennt das Geworfenheit. Sie ist mit einem Hinausstehen auf die Zukunft verknüpft.[28] Denn wir entwerfen uns selbst und alle unsere Handlungen auf eine Zukunft hin, die noch vor uns liegt und die ungewiss ist – so wie das dünne Eis, auf das wir unsere nächsten Schritte setzen müssen. Das bedeutet, dass wir uns immer schon vorweg sind; wir sind mit unseren Entwürfen da, wo wir noch nicht sind: in der Zukunft. So gut wir auch für uns selbst sorgen und uns selbst ernst nehmen: Unser Leben ist uns in weiten Teilen unverfügbar. Denn wir leben auf eine unverfügbare Zukunft und in unverfügbare Zusammenhänge hin. Die Offenheit unseres Lebenshorizonts ist jedoch kein empirischer Befund, also keine Erfahrung, die wir machen oder die ich meinen Töchtern als meine Lebenserfahrung weitergeben könnte, sondern der Rahmen, innerhalb dessen wir überhaupt Erfahrungen machen können. Das wird insbesondere dann deutlich, wenn wir uns fürchten – und wenn wir uns vorstellen, über dünnes Eis zu gehen, ist das eine naheliegende Stimmung. Sich zu fürchten heißt, dass ich mir vorstelle, einzelne Handlungen, die ich plane, könnten nicht gelingen, und dieses Nichtgelingen erscheint mir negativ.

Ich kann als Vater meinen Kindern diese Furcht nicht nehmen. Ich kann ihnen raten, zu tun, was immer ihnen möglich ist, damit ihnen ihre Pläne gelingen. Es wäre jedoch verantwortungslos ihnen einzureden, ihre Furcht sei unbegründet. Ich kann sie aber dazu aufrufen, darüber nachzudenken, was es eigentlich bedeutet, dass sie sich fürchten. Ihnen wird dann nicht nur klar, dass ihnen ihr Leben in weiten Teilen unverfügbar ist, sondern auch, dass es etwas gibt, worum es ihnen im Leben geht. Das ist das, was sie bei aller Unverfügbarkeit und aller Offenheit ihres Lebens aus sich selbst machen. Damit ist die Aufforderung verbunden, *überhaupt etwas aus sich zu machen*, ihr Leben und sich selbst zu entwerfen. Denn genauso, wie sie auf der familiären Bühne gesehen haben, dass sie auf die Ansprache des anderen nicht nicht-antworten können, weil auch nicht zu antworten eine Antwort ist, so können sie auch auf die Aufforderung des Laufs der Dinge, sich selbst in ihn hineinzuwerfen, nicht nicht-antworten. Von ihm fortgerissen werden sie so oder so.

In diesem Sinne können Kinder in der Interaktion mit ihrem Vater tatsächlich so etwas wie ein Gewissen ausbilden. Allerdings kann das Gewissen hier nicht die verinnerlichte Stimme des Gesetzes sein und auch auf keine Sammlung gebotener und verbotener Handlungen verweisen, sondern nur den Aufruf meinen, auf sich und sein Leben zu achten – gerade weil ein Großteil dessen, was wir werden und was uns geschieht, uns selbst unverfügbar ist. Denn zu leben heißt, sich in seine Zukunft zu werfen, und sich in seine Zukunft zu werfen, heißt sich ins Offene zu entwerfen.[29]

Die Sozialisierung des Kindes durch den Vater

Mit der Erfahrung der Offenheit unserer Lebensentwürfe ist eine weitere Erfahrung verbunden, die über den rein formalen Appell, etwas aus sich zu machen, hinausgeht und die begründen kann, warum das Kind, wenn es mit dem Vater zum Tode vorläuft, sozialisiert werden kann. Es ist die Unverfügbarkeit und Abhängigkeit des eigenen Lebens von anderen. Schon im Familientheater können die Kinder erfahren, dass wir nicht bei uns selbst beginnen, sondern dort, wo wir nicht sind, beim anderen. Wir bleiben einander immer ein Stück weit fremd und sind einander unverfügbar. Der andere hat nicht nur Bedeutung für uns, es gibt für ihn auch selbst Bedeutung, die er in einer Ordnung des Herzens ausbildet. Die gegenseitige Anerkennung als Fremde zwingt uns, die Ordnung unseres Herzens (das, was für uns Bedeutung hat) zur Ordnung seines Herzens (dem, was für ihn Bedeutung hat) in Beziehung zu setzen und uns zu fragen, inwiefern wir ihm die Realisierung unserer Herzensordnung zumuten können.[30]

Diese Rücksicht, die uns im Familientheater als Forderung entgegentritt, wird uns in der Erfahrung unseres Lebens durch die Not nahegelegt, in die wir geraten. Denn wenn uns bewusst ist, dass wir uns zu unserem Leben so verhalten, dass wir uns ins Offene hin entwerfen, dass es uns um etwas geht und dass wir uns immer schon voraus sind in eine offene Zukunft und Teil von Zusammenhängen, die für uns unverfügbar sind, dann erfahren wir, dass wir endlich, abängig und bedürftig sind von dem, was uns geschieht, und von denen, mit denen wir sind. Mit dieser Erfahrung kann die Einsicht verbunden sein, dass wir alle aufeinander angewiesen sind und kooperieren müssen, wenn wir als Gesellschaft überleben und nicht in einen Zustand verfallen wollen, in dem jeder gegen jeden kämpft. Mit dieser Einsicht in die »unmittelbare Abhängigkeit« unseres Lebens von der Gesellschaft kann die Rückkehr von sozialen Einstellungen verbunden sein, die Denker wie Horkheimer in der vaterlosen Gesellschaft vermissen und die für den »Zusammenhalt unseres kulturellen Systems« notwendig sind.[31]

Wenngleich der Vater seinem Kind kein konkretes Ethos mehr vermitteln kann, in dem Sinne, dass er genau sagen könnte, was zu wählen und was zu meiden, was zu tun und was zu lassen, was gut und was schlecht sei, kann er doch eine ethische Grundeinstellung vermitteln, indem er sie ihm vorlebt. Sie besagt, dass mir das Gelingen meines Lebens in großen Teilen unverfügbar ist, dass nichts bleibt, wie es ist, und ich Verluste hinnehmen muss; dass ich mein Leben nicht nur vom Anfang her begreifen kann als offenen Horizont unendlicher Möglichkeiten, sondern auch vom Ende her denken muss. Denn nur so gewinne ich die Entschlossenheit, es selbst zu gestalten. Und gestalten muss ich es, denn ich kann mich zu seinem Fortgang nicht nicht-verhalten. Es gibt keinen festen Katalog des Guten und Schlechten mehr, den ich für mein Leben einfach kopieren und auf den ich vertrauen könnte, weil mein Vater seine Richtigkeit mit geliehener Autorität verbürgte. Was er mit der Autorität seiner Lebenserfahrung jedoch verbürgt, ist die Notwendigkeit, immer wieder neu anzufangen und sich in der Welt einzurichten wie ein Artist, der auf einem Seil über dem Abgrund läuft. Ich muss vorwärtsgehen, um nicht zu stürzen. Und vorwärtszugehen heißt zwar, ins Offene zu gehen, aber auf etwas hin, worum es mir geht. Worum es mir geht im Leben, muss ich selbst entscheiden. Nur so komme ich zur Übereinstimmung mit mir selbst. Ich kann jedoch an der Entscheidung meiner Eltern für mich ablesen, dass es besser ist, absolute Entscheidungen zu treffen als relative, besser ethische als ästhetische. So rette ich mich aus der Drift und springe aus dem interessanten Leben in das gute.

Der ethische Standpunkt verlangt von mir, nicht nur selbst eine Ordnung des Herzens auszubilden, sondern auch den anderen als jemanden anzuerkennen, für den eine solche Ordnung existiert, und das verlangt von mir die Verwirklichung dessen, was ich möchte, daraufhin zu prüfen, ob sie ihm vor diesem Hintergrund zugemutet werden kann oder nicht. Dabei gibt es durchaus Situationen, in denen unsere beiden Ordnungen des Herzens nicht gleichrangig sind, sondern seine die meine überragt, nämlich dann, wenn er durch mich in eine Situation gekommen ist, in der er darauf angewiesen ist, dass er bei der Realisierung seiner Herzensordnung unterstützt wird. Ich schulde es ihm dann, so wie meine Eltern mir Fürsorge und Erziehung schulden, weil sie mich in die Welt gesetzt haben. Und so, wie sie ihre Schuld mir gegenüber beglichen haben, begleiche ich sie auch gegenüber anderen. Weit mehr als durch ein Schuld- oder Vertragsverhältnis war oder ist ihre Fürsorge für mich jedoch dadurch bestimmt, dass sie mich lieben, und weil sie mich lieben, geht es ihnen um mich. Wenn ich mich also frage, worum es mir im Leben gehen könnte, dann sagt mir das Vorbild meiner Eltern: um das, was ich liebe. Im Verfolgen dessen, was ich liebe, merke ich, wie bedürftig ich bin. Die Zusammenhänge, in denen ich lebe, und die Menschen, mit denen ich lebe, müssen mir entgegenkommen, damit mir mein Leben gelingt. Ihnen geht es ihrerseits genauso, denn diese Abhängigkeiten sind keine empirische Tatsache, die der eine so und der andere so und wieder ein anderer vielleicht gar nicht erfährt. Sie resultieren vielmehr aus der grundlegenden Offenheit unserer Lebensvollzüge, die es erst ermöglicht, dass wir überhaupt Erfahrungen machen können. Und diese grundlegenden Abhängigkeiten legen uns eine soziale Einstellung nahe.

Gegenüber einer Ordnung, die den Platz des Kindes bis hinunter zum Pflug, an dem es seine Arbeit verrichten soll, bestimmt oder ihm gegenüber ein ganzes System von Gesetzen autorisiert, ist dieses Ethos natürlich vage. Es hat jedoch den Vorteil, nicht den Erfahrungen zu widersprechen, die wir in der Familie machen, nicht die Fremdheit des Kindes zu ignorieren und für den Vater keine Fremdheit gegenüber seiner Familie zu erzeugen. Und es hat vor allem den Vorteil, die Beziehung zwischen Vater und Kind als Liebesbeziehung nicht nur zuzulassen, sondern überhaupt erst verstehbar zu machen. Denn die wichtigste Voraussetzung dafür, dass der Vater dem Kind helfen kann, eine Herzensordnung auszubilden, ist die, dass er selbst eine besitzt, die er den Kindern zeigt und in der das Kind den Spitzenplatz belegt.

Liebe

Kinder ahmen ihre Eltern nach. Ihre Eltern sind für sie Vorbilder darin, wie die Anforderungen des Lebens bewältigt werden können. Sie wissen mehr, können mehr und haben mehr Macht als sie selbst. Was aufseiten der Eltern als Negation ihrer eigenen Fremdheit erfahren werden kann, nämlich dass sich vor allem das kleine Kind noch nicht dafür interessiert, was Vater und Mutter jenseits ihrer Elternrolle sonst noch sind und welche Wünsche und Ziele es für sie geben könnte, erfährt das Kind selbst als steile Asymmetrie der Macht. Sie sind auf die Eltern angewiesen und die Eltern können, was sie nicht oder nur teilweise können, nämlich ihre Bedürfnisse befriedigen.[32]

Dabei merkt das Kind gleichwohl, dass es für die Eltern eine Ordnung der Wünsche und Ziele gibt, und sie merken, dass sie hier (im Idealfall) an erster Stelle stehen. Den Eltern geht es um etwas im Leben, nicht nur um eines, sondern um viele verschiedene Dinge, aber es gibt nichts, um das es ihnen so sehr geht wie um ihr Kind. Die Eltern zeigen das dem Kind, indem sie alles andere zu seinen Gunsten zurückstellen. Sie kommunizieren es ihm, indem sie ihm sagen: Ich liebe dich! Und indem sie körperlich eng mit ihm zusammen sind. Hier kann der Vater viel von der Mutter lernen, denn die größere Innigkeit ihrer Beziehung zum Kind, die oft vor allem bei kleinen Kindern anzutreffen ist, resultiert ja aus der größeren körperlichen Nähe, die Mutter und Kind verbindet, wenn es in ihrem Leib heranwächst, von ihr gestillt und gewiegt wird, und aus der heraus es erst nach und nach ein eigenes Körperschema entwickelt. Mithin muss auch der Vater dem Kind leiblich erfahrbar werden, ein warmer, liebender Körper neben seinem Körper, ein verbundener Arm in den gemeinsamen Unternehmungen, eine vertraute Stimme und ein Resonanzraum der Erfahrungen, die das Kind macht.

So lernen die Kinder, dass es um die Dinge im Leben geht, die wir lieben, und dass wir diese Dinge für uns ordnen müssen. Gleichzeitig sehen sie, dass das bei anderen auch so ist.

Wenn die Kinder älter werden, müssen sie mehr und mehr Enttäuschungen hinnehmen. Während wir beispielsweise sofort sprangen, als unsere Tochter noch ein Baby war, lassen wir jetzt nicht mehr alles stehen und liegen, wenn sie etwas will, und oft geht das gut. Ich glaube, das liegt vor allem daran, dass sich die Mädchen unserer Liebe sicher sind und wissen, dass sie nichts von dem Thron stürzen kann, auf dem sie über unseren *ordinibus amoribus* residieren (zumindest hoffe ich das). Es liegt aber wohl auch daran, dass unsere Töchter lernen, ihre Wünsche und Ziele vor dem Hintergrund unserer Wünsche und Ziele zu betrachten, und langsam ein Verständnis dafür entwickeln, dass ihre Interessen auch einmal nicht an erster Stelle stehen (können). Das gelingt ihnen vor allem dann, wenn sie verstehen, wie die einzelnen Handlungen zusammenhängen und wie die Verwirklichung dieser Handlungen von äußeren Umständen abhängt, die wir nicht kontrollieren. Ich diskutiere fast täglich mit meinen Töchtern darüber, ob wir nach dem Frühstück noch ein paar Puzzles legen oder ob wir uns anziehen, damit die eine in die Kita und die andere in den Kindergarten gehen kann. Zumindest die Ältere lässt sich mittlerweile oft davon überzeugen, nicht zu spielen, sondern sich fertig zu machen und sich dabei unter Umständen sogar ein bisschen zu sputen, weil sie gemerkt hat, dass dann genug Zeit bleibt, um selbst mit dem Fahrrad zu fahren. Sie muss dann nicht hinten in meinem Hänger sitzen, was ihrem Selbstentwurf als »großes Mädchen« widerspricht. Nach und nach lernt Clara, dass ihre Handlungen Konsequenzen haben, die sie tragen und verantworten muss, dass sie in den Lauf der Zeit eingebettet ist und mit ihm fortgerissen wird. Sie kann zwar bereuen, getrödelt zu haben und jetzt im Hänger fahren zu müssen, sie kann ihre Entscheidung gegen die Eile aber nicht ungeschehen machen. Eine Möglichkeit, die sie eben noch hatte, gibt es jetzt nicht mehr. Türen schließen sich. Deshalb muss sie sich entscheiden, was ihr wichtig ist: Puzzeln oder Radfahren? Umso deutlicher sie eine Vorstellung davon entwickelt, wer sie sein möchte, muss sie in umso größeren Zusammenhängen denken. Irgendwann wird sie auch zu ihrem Tode vorlaufen müssen, um ihr Leben als Ganzes in den Griff zu bekommen. Sie muss das dann aber nicht allein tun, sondern kann es zum Beispiel mit mir tun.

Je größer die Zusammenhänge werden, in denen sie sich begreift, desto weniger kann sie das notwendige Verständnis allein aus der Erfahrung gewinnen. Neben dem Vorleben wird das Sprechen und Nachdenken über die Erfahrungen wichtiger. Der kommunikative Charakter unserer Beziehung nimmt zu. Wir müssen dann verstärkt in den Diskurs einsteigen, wie die Entwicklungspsychologen sagen. Ich sehe das als Entlastung. Denn wenn die Frage, ob meinen Töchtern das Leben gelingt, allein davon abhinge, dass wir ihnen darin ein Vorbild sind, wäre ihr Glück an unsere Unvollkommenheit gekettet. Im gemeinsamen Sprechen und Nachdenken über das Leben können wir seine konkreten Vollzüge jedoch übersteigen.

Der Vater, das Schlitzohr

Damit wird die Begleitung der Kinder eine lebenslange Aufgabe, denn weder das tätige noch das kontemplative Leben hören auf, bevor das Leben selbst zu Ende ist. In der zweiten Hälfte des Lebens wird das kontemplative Übersteigen des Lebens sogar wichtiger, weil dann mehr Leben hinter dem Kind liegt, als noch vor ihm liegt, es mehr verloren hat, als es noch zu gewinnen gibt, und die Gefahr besteht, auch dem Kind könne es so vorkommen, als klirrten die Fahnen im Winde.

Aber welcher Vater fühlt sich noch für seine vierzig- oder fünfzigjährigen Kinder zuständig? Das ist statistisch gesehen die Lebensphase, in der wir am unglücklichsten sind.[33] Familie und Beruf verlangen uns oft mehr ab, als wir bewältigen können, denn die Belastungen nehmen zu, aber unsere Kraft nimmt ab. Zugleich werden die letzten Weichen gestellt. Welche Ziele können wir im Leben noch erreichen? Welche müssen wir beerdigen? Werden wir im Alter arm sein? Allein? Wenn wir dann nicht in Melancholie versinken wollen, müssen wir optimistisch nach vorn blicken und den Mut fassen, noch einmal anzugreifen: »Noch einmal stürmt, noch einmal, liebe Freunde! [...] Spannt eure Sehnen, ruft das Blut her-

bei«.[34] Was Heinrich V. seinen Engländern zurief, muss dann auch die
Mutter ihren Kindern sagen. Genauso wichtig ist es jedoch, und das ist
der Rat, den der Vater geben könnte, gelassen zurückzublicken: von jetzt
auf das, was zurückliegt (um die Dinge hinter uns zu lassen, die hinter
uns liegen), und vom Ende, zu dem wir vorlaufen, auf das, was noch
vor uns liegt, um zu sehen, welche Schlachten es noch zu schlagen lohnt
und welche Siege wir verschenken müssen. Auch das ist ein Zeichen von
Stärke. Der Dichter Gottfried Benn hat es die Eigenschaft großer Puncher
genannt. Sie besteht eben nicht darin, austeilen, sondern einstecken zu
können.

»Mit jener Eigenschaft der großen Puncher:
Schläge hinnehmen können
stehn,

Feuerwasser in der Kehle gurgeln
sub- und supraatomar
dem Rausch begegnet sein,
Sandalen
am Krater lassen wie Empedokles
und dann hinab,
nicht sagen: Wiederkehr
nicht denken: halb und halb,
Maulwurfshügel freigeben
wenn Zwerge sich vergrößern wollen,
allroundgetafelt bei sich selbst
unteilbar
und auch den Sieg verschenken können –

eine Hymne solchem Mann.«[35]

Empedokles, von dem in Benns Gedicht die Rede ist, war ein vorsokrati-
scher Philosoph aus dem 5. Jahrhundert v. Chr., »der einst des Stunden-

zählens satt, vertraut mit der Seele der Welt, in seiner kühnen Lebens-
lust sich da hinabwarf in die herrlichen Flammen [des Ätna]«, wie es bei
Hölderlin heißt – auf Letzteren bezieht sich Benn mit seinen Zeilen. Ein
Held, der sich selbst stürzt und noch den Sieg über das Leben verschenkt,
indem er Selbstmord begeht: »Im freien Tod, nach göttlichem Gesetz.«[36]
Väter dürfen die Bühne freilich nicht vorzeitig verlassen, so feurig und
lebenslustig sie auch sein mögen. Sie müssen ihren Kindern voran »furchtlos in Gottes Nacht hinaus / hinaus in Gottes tiefe ernste Nacht« schreiten,
wie Empedokles an anderer Stelle bei Hölderlin sagt.[37] Das Ethos ihrer
Position ist das eines Dennoch, das sich dem Tauwind, der übers Eis weht,
trotzig und trutzig entgegenstellt.

> »Und heißt dann: schweigen und walten,
>
> wissend, daß sie zerfällt,
>
> dennoch die Schwerter halten
>
> vor die Stunde der Welt.«[38]

Dieses Ethos des Dennoch verbindet die Väter der Zukunft mit einer berühmten Figur der griechischen Mythologie, dem größten Schlitzohr der
Antike: Sisyphos. Wir kennen ihn heute vor allem wegen der Strafe, zu der
er verdammt wurde und die der Sisyphosarbeit ihren Namen verliehen hat.
Sie bestand darin, im Reich des Todes einen gewaltigen Stein einen Hügel
hinaufzuwuchten, was ihm bekanntlich nie gelingt, weil dieser, kaum dass
er die Kuppe erreicht hat, wieder herunterrollt und Sisyphos seine Arbeit
von Neuem beginnen muss. In der Antike war Sisyphos jedoch vor allem
als pfiffiger Held bekannt, der den Tod zweimal überlistete. Als der Tod zu
ihm kam, um ihn ins Totenreich zu überführen, machte Sisyphos ihn be-
trunken und fesselte ihn, sodass niemand mehr sterben musste. Nachdem
der Kriegsgott Ares den Tod befreit und dieser Sisyphos in das Totenreich
verschleppt hatte, entkam Sisyphos erneut mithilfe einer Täuschung. Zur
Strafe für seinen Frevel wurde er zu der beschriebenen Arbeit verurteilt.[39]
Diesen listenreichen Umgang mit dem Tod, dem immer wieder das Leben
abgetrotzt wird, kann der Vater von Sisyphos lernen.

Sisyphos kann jedoch auch in anderer Hinsicht als Vorbild für die Väter der Zukunft angesehen werden. Denn seine letztlich vergebliche Arbeit kann als Metapher für den Wiederaufbau gesehen werden, der geleistet werden muss, nachdem die Revolutionärinnen und Sezessionistinnen die Welt in Brand gesetzt haben, um sie zu verändern – und bevor sie es erneut tun. Diese Sicht auf Sisyphos entwickelt Hans-Magnus Enzensberger in seinen *Aussichten auf den Bürgerkrieg*. Er vergleicht dort Sisyphos mit denen, die nach der Straßenschlacht wieder die Scheiben einsetzen, die Telefone wieder anschließen, nachdem alles geplündert und verwüstet worden ist und die Nacht hindurch arbeiten, »um in überfüllten Kliniken Überlebende zu retten«.

> »Die Beharrlichkeit dieser Menschen gleicht einem Wunder. Sie wissen, daß sie die Welt nicht in Ordnung bringen können. Nur eine Ecke, ein Dach, eine Wunde. Sie wissen sogar, daß die Mörder wiederkehren werden, in der nächsten Woche oder in einem Jahrzehnt. Der Bürgerkrieg dauert nicht ewig, aber droht immer wieder von neuem.« Ihr Tun gleicht Sisyphos, der seinen Stein den Berg hinaufrollt, »Dieser Stein ist der Frieden.«[40]

Wenn wir den Vater in diesem Sinne mit Sisyphos vergleichen, dann kommt damit auch eine andere Form des politischen Handelns in den Blick als die der mütterlichen *vita activa*. Es ist eine Politik, die die Löcher flickt und die Wunden verarztet, die die Revolutionen und Sezessionen der Welt zugefügt haben. Wo diese die Welt im Großen verändert und neugestaltet haben, sammelt sie die Scherben auf. Sie behebt die Kollateralschäden. Das alles geschieht ohne Fanfaren und große Gesten, unspektakulär, aber auch unermüdlich. Die väterliche Politik à la Sisyphos ist ein kleines Heldentum des Notdürftigen, ein Interregnum des Behelfsmäßigen. Es währt solange, bis wieder jemand die Welt an irgendeiner Ecke in Brand steckt, um sie von Grund auf zu erneuern.

Der Vater als Trainer und Athlet

Mit der Figur des Tricksters oder des Schlitzohrs ist eine andere Form der Abtrennung verbunden als die Sezession der mütterlichen *vita activa*, die politisch ist. Es ist die private oder individuelle Sezession, die Abtrennung von den anderen und der Rückzug auf sich selbst, der jeder artistischen Leistung vorangehen muss, weil ihre eigentlich unwahrscheinliche Höchstleistung nur das Ergebnis eines langen Übens sein kann. »Der Rückzug des Athleten«, schreibt Sloterdijk über die übende Lebensweise, »ist das Messer, das den Schnitt ins Kontinuum setzt«, wobei wir anstatt vom Kontinuum auch von der allgemeinen »Schweinerei« sprechen können, aus der wir uns in unsere eigene Schweinerei zurückziehen, wie Ludwig Wittgenstein meinte.[41] Und hier gilt es dann Ordnung zu schaffen. Es ist also eine doppelte Sezession, eine Trennung von der Welt und eine Spaltung der eigenen Innenwelt in einen besseren und einen schlechteren Teil. So errichtet der Athlet eine Vertikalspannung in sich selbst, an der er sich ausrichtet. Weg von dem, was er ist, und hin zu dem, was er werden möchte. Damit hört sein »Inneres auf, nur der Transitraum aufwallender Affekte zu sein«.[42] Es entsteht die Möglichkeit, eine Ordnung des Herzens zu errichten und zu entscheiden, welchen der aufwallenden Affekte und Wünsche er nachgeben will und welchen nicht. Damit wird Freiheit überhaupt erst möglich.

Eine derartige Vertikalspannung in der Seele zu errichten, ist nicht nur das gemeinsame Kennzeichen der Heiligen Männer und Frauen des Ostens, der Weisheitslehrerinnen und -lehrer der Antike und der Mönche und Nonnen des Mittelalters; es ist auch das Kennzeichen jeder Hochkultur, die immer das Produkt von Übungen ist und auf den Sprossen einer Leiter sitzt, die Menschen in sich selbst errichtet haben. Das gilt auch für die Väter der Zukunft. Denn erwachsen werden setzt voraus, sich zu einem Leben unter der Zugspannung des eigenen *ordo* zu bekehren, und »alle Erziehung ist Konversion« zu so einem kontemplativen und übenden Lebenden.[43]

Die Väter der Zukunft sind damit Athleten und Trainer zugleich. Sie lehren durch Vorbild, durch gemeinsames Üben und Tun, durch Analyse

und Kritik und sie motivieren ihren Zögling, indem sie ihre eigene Motivation mit seiner verschränken. Letzteres ist vielleicht das Anstrengendste – zumindest kommt es mir manchmal so vor, zum Beispiel wenn Clara
morgens mit dem Fahrrad selbst in den Kindergarten fährt und jedes Mal
am Berg, der den größten Teil der Strecke ausmacht, schlapp zu machen
droht. Ich fahre dann selbst mit dem Rad neben ihr her, Marianne hinten
im Hänger, und feuere sie an, noch einmal weiter zu treten, nicht aufzugeben, und noch einmal und noch einmal, bis wir die Kuppe erreicht
haben. Ich will dann, dass sie will. Und umso mehr *ich* will, dass *sie* will,
desto mehr *will* sie. Und umso mehr *sie* will, desto eher schafft sie es. Sie
ist sich dann selbst ein bisschen voraus. Die Beine sagen, es geht nicht
mehr. Die Hände wollen den Lenker loslassen, die Nase läuft, die Augen
tränen. Ein Teil von ihr will aufgeben, sich zur Schwester in den Hänger setzen, schnullern. Ich biete ihr das zwei-, dreimal an und manchmal
macht sie das auch. Meist will sie aber hoch auf den Berg, selbst fahren,
im Sitzen, wie Jan Ulrich. Wenn ich merke, dass das so ist, weil sie alle
Angebote, in den Hänger zu wechseln, ablehnt, feiere ich sie. Ich bin
dann ihre Nordkurve auf zwei Rädern. Wenn wir oben ankommen, sind
wir beide glücklich und beide ein bisschen erschöpft.

Das Radfahren am Berg macht einen Grundzug des übenden Lebens
deutlich, nämlich den, dass die Übende sich immer schon voraus ist. Mit
dem Rad hängt sie noch unten am Berg, sie sieht sich aber schon da,
wo sie hinwill, oben, und diese Ergriffenheit durch das Ziel erzeugt eine
Zugspannung nach oben und vorne, die sie den Berg hoch bringt. Dieses
Ergriffensein durch das Ziel ist allen Formen des übenden Lebens gemeinsam. Ihre Zeitform ist die eines Vorlaufens zum Ende. Darin entspricht
sie der Zeitform der väterlichen *vita contemplativa*.

Die beiden wichtigsten Übungen sind meines Erachtens, mit den
eigenen Schwächen offen um zu gehen und sich zu entschuldigen. Die
Offenheit gegenüber den eigenen Fehlern und Schwächen ist ein wesentlicher Zug, wenn es darum geht, Kindern einen ethischen Standpunkt zu
vermitteln, wie die Psychologen der Universität Harvard festgestellt haben. Sie sehen dann nämlich nicht nur, dass die Sorge um und Rücksicht

auf andere wichtig ist, sondern auch, dass andere bestimmte Ansprüche an uns stellen können, die wir nach dem Verhältnis unserer Herzensordnungen erfüllen müssen. Tun wir es nicht, müssen wir uns bei ihnen entschuldigen und versuchen, unseren Fehler wieder gutzumachen. Indem wir uns entschuldigen, nehmen wir Abstand von uns selbst. Wir sagen: So, wie ich mich da gezeigt habe, bin ich eigentlich nicht. Und wir bitten den anderen darum, den Zusammenhang zwischen der Handlung und uns selbst zurücknehmen zu dürfen. Darum müssen wir jedoch in der Entschuldigung bitten. Wir können es nicht selbst tun und die vergangene Tat einfach wegwischen, als habe sie nichts mit uns zu tun, denn wir haben die Ansprüche eines anderen an uns verletzt und können uns von dieser Schuld ihm gegenüber nicht selbst entlasten; er muss sie uns erlassen. Das tut er, indem er uns verzeiht. Er stellt dann das Bild von uns, das wir ihm eigentlich hatten zeigen wollen, mit uns gemeinsam nachträglich wieder her. Er sagt: Ich weiß, dass du eigentlich nicht so bist, auch ich sehe dich anders. Wenn der Fehler schon länger zurückliegt oder gravierender ist, reicht das jedoch oft nicht aus. Wir können dann nicht einfach sagen, so bin ich nicht, sondern müssen uns von dem, der wir waren und als der wir uns gezeigt haben, stärker distanzieren. Indem wir den anderen um Verzeihung bitten, sagen wir ihm, dass wir so, wie wir damals waren, nicht mehr sein möchten, und bitten ihn, uns fortan anders zu sehen als der bessere, der wir sein wollen.

In beiden Fällen wird im Zugeben der eigenen Fehler, im Entschuldigen dafür und im Verzeihen noch einmal die wechselseitige Angewiesenheit aufeinander deutlich, die wir auch auf der familiären Schaubühne erleben. Wir beginnen dort, wo wir nicht sind, beim anderen. Das bestätigt nicht nur meine Entschuldigung, sondern auch das Verzeihen, denn zu verzeihen setzt voraus, dass ich verletzt worden bin. Sonst gäbe es ja nichts zu verzeihen. Was verletzt wurde, ist mein Anspruch an den anderen, der aus dem Verhältnis unserer Herzensordnungen zueinander entspringt, allerdings nur, insofern er auch begründet ist. Denn wo kein bestehender Anspruch verletzt wurde, gibt es auch keinen Grund, sich zu entschuldigen.[44] Sich beieinander zu entschuldigen und einander zu verzeihen gehört zu den einfachsten Möglichkeiten, den ethischen Standpunkt einzuüben. Am besten, man fängt damit gleich bei seinen Kindern an.

Die Notwendigkeit, mit den eigenen Schwächen offen umzugehen, unterstreicht noch einmal die Distanz des Vaters von den Vorstellungen extremer Männlichkeit. Wer für die Zukunft gerüstet sein will, darf sich nicht auf dieser Müllkippe bedienen. Die Väter der Zukunft beweisen ihre Exzellenz nicht im Wettbewerb um Geld, Macht und Statussymbole, sondern in der Kunst, auf tauendem Eis zu gehen. Weit eher als mit kraft- und saftstrotzenden Übermännern haben wir es bei den Vätern der Zukunft mit zarten und – aus der Perspektive übersteigerter Männlichkeit – vielleicht sogar femininen Figuren zu tun, die weniger den Frontschweinen aus den Weltkriegen gleichen, auf die sich ein restauratives Männerbild heute wieder bezieht, als den Seil- und Balletttänzern, mit denen die Kunst vor hundert Jahren dem zeitgenössischen soldatischen Typ entgegentrat. Eines der prominentesten Beispiele dafür sind die verschiedenen Plastiken, die Künstler wie Georg Kolbe oder Auguste Rodin vom Tänzer Vaslav Nijinski gefertigt haben.[45] Sie zeigen ihn gleichsam schmerzerfahren wie heiter, gleichsam diesseitig wie konzentriert. Rodin präsentiert ihn uns als einen nur wenige Zentimeter großen, einbeinigen Dämon, wobei mit dem Dämon weniger der Teufel gemeint ist als der Schutzgeist, der griechische *daimon*, von dem sich nicht nur das deutsche Wort Dämon herleitet, sondern auch das griechische Wort *eudaimonia*, das die Wissenschaft des guten oder von einem guten Dämon beschützten Lebens begründet. Dass mit diesem guten Dämon der Vater gemeint ist, zeigt der Begründer der Eudämonie, Aristoteles, in der Schrift, mit der er die Kunst des guten Lebens verwissenschaftlicht, der *Nikomachischen Ethik*. Aristoteles hat die Schrift nach seinem Sohn beziehungsweise seinem Vater benannt, die beide Nikomachos hießen, und legt darin dar, wie einem Menschen das Leben gelingen kann. Ausschlaggebend für seine Entscheidung, einem solchen Buch diesen Titel zu geben, mag auch der Umstand gewesen sein, dass Aristoteles schon sehr alt war, als Nikomachos geboren wurde und sich nicht sicher sein konnte, dass er die Erziehung seines Sohnes persönlich würde abschließen können, so wie er

es bei Alexander dem Großen getan hatte. Das Buch darüber, wie dem
Kind das Leben gelingt, musste ihn also unter Umständen bei seinem
Sohn vertreten.[46]

Indem sich die Väter als Schutzgeist ihres Kindes zeigen, als sein guter
Dämon und als Trainer in einem übenden Leben, befreien sie die Figur
des Vaters aus der Drift des Relativen und den emanzipatorischen Gra-
benkämpfen, die die Diskussion um die Rolle des Vaters heute bestimmen.
Zudem verhindert es die Zuspitzung auf bestimmte soziale Gruppen, die
diese Diskussion mit ihrer Perspektive bestimmen, wie am obigen Beispiel aus der *Zeit* deutlich wurde, in der ein Vater berichtet hatte, wie er
an der Wirklichkeit der verzweifelt.

Indem die Vaterrolle an die Figur des guten Dämons und an das übende Leben zurückgebunden wird, wird sie wieder für alle Väter geöffnet,
denn man muss so wenig zu den Spitzen der Gesellschaft gehören, um seine Kinder in ein übendes Leben einzuführen, wie man Theologie studiert
haben muss, um ein Mönch zu werden. Ausschlaggebend ist eine Frage
der Haltung zum Kind und zum Leben. Anders als bei Mönchen ist das
allgemeine übende Leben jedoch mit keinem Rückzug in ein Kloster und
keiner besonderen Beschränkung der Tätigkeiten verbunden. Denn tatsächlich kann alles, was wir tun, als Übung betrachtet werden. Schließlich
erfüllt es die beiden Grundfunktionen des Übens: Es erhält oder steigert
unsere Fähigkeit, etwas zu tun. Der Unterschied zwischen einem übenden
Leben und einem schaffenden besteht eher darin, wie stark der Bezug
des Tuns auf diesem selbst liegt oder auf den äußeren Objekten und Zu-
ständen, die es herstellt.[47] Ersteres entspräche hier der *vita contemplativa*,
Letzteres eher der *vita activa*.

Da ein wesentlicher Bestandteil der väterlichen *vita contemplativa* in
der Einübung bestimmter Tugenden besteht und also in einer bestimmten Praxis, löst sich die traditionelle Unterscheidung von *vita activa* und
vita contemplativa in der väterlichen Tätigkeit letztlich auf. In den inte-
ressantesten Fällen lässt sich diese Unterscheidung ohnehin nicht mehr
treffen. So ist es beispielsweise beim Klavierspielen. Worum geht es der
Pianistin? Darum, das Stück zu spielen oder darum, es zu Gehör zu brin-

gen? Das eine geht nicht ohne das andere. Mit den Tätigkeiten des Vaters ist es ähnlich. Seine *vita contemplativa* besteht – im übertragenen Sinne – daraus, Klavier zu spielen und aus seinen Kindern Pianisten zu machen. Damit ist gemeint, sie zu Menschen heranwachsen zu lassen, denen es nicht nur darum geht, einfach etwas herzustellen, sondern die das, was sie tun, immer auch auf ihr Tun und auf sich selbst zurückbeziehen und die bedenken, dass das, was sie tun und wie sie es tun, bestimmt, wer sie sind, weil es sie – wie jede Übung – in Form bringt. Und diese Form, in die wir durch ein übendes Leben kommen, ermöglicht uns die artistische Haltung dem Leben gegenüber, die ich im Zusammenhang mit der Figur des Vaters als Ethos des Artisten beschrieben habe.

Fight Club Ostwestfalen

Indem der Vater das Tun des Kindes stärker auf dieses Tun selbst lenkt und weniger auf die Objekte und Zustände, in deren Herstellung es einfließt, unterstreicht er die Sezession von der Gesellschaft und den Rückzug des Kindes auf sich selbst. Mit dieser Distanzierung kann eine letzte Lockerung verbunden sein, mit der das Kind den Regeln und Wertvorstellungen der Gesellschaft, in der es lebt, gegenübertritt. Das heißt nicht, dass es seiner Einsicht in die Abhängigkeit des eigenen Glücks vom Wohlwollen gegen andere und von anderen widerspricht, wohl aber, dass es die Mittel und Wege kennt, sich dieses Wohlwollens auch dann zu versichern, wenn es ihm nicht geschenkt wird, und sich gegebenenfalls sogar der Missgunst zu erwehren, die ihm entgegentritt. Das schafft eine gewisse Zurückhaltung gegenüber der Annahme, die eigenen sozialen Einstellungen ließen sich beim anderen ohne Weiteres voraussetzen. Manche Autoren haben diese Einsicht zur Behauptung gesteigert, das Leben gleiche einem Kriegsdienst. »Ist nicht Kriegsdienst des Menschen Leben auf der Erde?«, fragt das Buch Hiob. »Leben ist kämpfen«, schreibt Seneca an seinen Schüler Lucilius.[48]

Wenn das stimmt, gehört zur *fathercraft* auch, die Kinder auf diesen
Kriegsdienst vorzubereiten und sie mit allen Kriegslisten vertraut zu ma-
chen, um sich den anderen in seiner Schlechtigkeit vom Hals zu halten.
Das Leben ist eine »militia contra malicia«, ein Kriegsdienst gegen die
Bösartigkeit der Menschen. Dabei gilt »*Die Welt will betrogen sein*, gewiss.
Sie wird aber sogar ernstlich böse, wenn du es nicht tust« – wie Walter
Serner in seinem *Handbrevier für Hochstapler* erklärt.«[49] Serner bezieht
sich hier auf ein viel zitiertes lateinisches Sprichwort, das besagt, dass die
Welt betrogen werden soll, weil sie betrogen werden will (»Mundus vult
decipi, ergo decipiatur«), deutet es jedoch so um, dass die Welt auch betrogen werden *muss*, weil man sonst darin umkommt. An dieser Einsicht
setzen machiavellistische Erziehungsratgeber an, die den Vater vor allem
als Mentor sehen, der das Kind für das Leben als Kampf ertüchtigt. Die
Briefe, die Lord Stanhope (1694–1773) an seinen Sohn Philip geschrieben
hat, sind ein bekanntes Exemplar dieser Gattung. Eines der ältesten Beispiele für einen Vater, der seinen Sohn für das Leben in einer gefährlichen
Welt rüstet, ist der Roman *Das Kritikon* von Baltasar Gracián (1601–1658),
in dem ein welterfahrener Vater, Critilo, seinen Sohn Andrenio, der auf
einer einsamen Insel in der alleinigen Gesellschaft von Tieren aufwuchs,
in die Welt einführt: »Glücklich du, der du unter Raubtieren, und bekla-
genswert ich, der ich unter Menschen aufwuchs, denn da ist doch ein jeder
dem andern ein Wolf, wenn nicht Schlimmeres.«[50] Im Folgenden führt
ihm der Vater in unzähligen allegorischen Situationen vor, dass nichts
ist, wie es scheint, weshalb es darauf ankommt, den falschen Schein zu
durchschauen. Erziehung wird hier zur Einübung in die Ent-Täuschung.
Ein neueres Beispiel für diese Wehrertüchtigungen durch den Vater ist
die zweite Staffel der Fernsehserie *Fargo*, in der Otto Gerhardt, Patriarch
eines deutschstämmigen Kriminellenclans aus North Dakota seine Söhne
zu waschechten Kriminellen erzieht. Der Initiationsritus für den Ältesten
besteht darin, einen Geschäftspartner seines Vaters zu töten. Die Männer
sitzen in einem leeren Kino nebeneinander, der Sohn eine Reihe dahinter.
Plötzlich zieht er ein Messer und rammt es dem Geschäftsfreund seines
Vaters mehrmals in den Hals, worauf dieser verblutet.

Solche Methoden können ein Grundproblem unserer Erziehung lösen, das nach Freud darin besteht, dass sie das Kind nicht darauf vorbereiten kann, das Opfer von Gewalt zu werden. Der Erfolg dieser Ertüchtigungen ist jedoch immer nur kurzfristig. Die Dynastie der Gerhardts muss einem anderen Gangstersyndikat weichen; Lord Stanhopes Sohn Philip stirbt früh und verarmt im Ausland; Critilo und Andrenio ziehen sich aus der Welt zurück, weil sie an ihrer fortwährenden Undurchsichtigkeit verzweifeln. Dass die Erfolge des Kriegsdienstes nur von mittlerer Reichweite sind, entspricht auch meiner eigenen Erfahrung.

In der kleinen westfälischen Dorfgemeinschaft, in der ich aufgewachsen bin, war ich ein Außenseiter. Ich wurde gemobbt, verprügelt und verhöhnt. Da meine Eltern getrennt waren und meine Mutter einen neuen Lebenspartner gefunden hatte, standen mir zwei Väter zur Verfügung, die sich in das Amt des Vaters für mich teilten. Beide empfahlen mir einen je verschiedenen Umgang mit meinem Problem. Mein erster Vater erklärte mir, die Gewalt und der Hass meiner Altersgenossen sei das Resultat einer verkorksten Erziehung durch deren Eltern, die ebenfalls durch schlechte Autoritäten verstümmelt worden seien. Ich solle mit ihnen über ihre Erfahrungen sprechen und sie aufklären. Wenn sie erst einmal gemerkt hätten, dass das Problem nicht bei mir, sondern bei ihnen beziehungsweise den sozialen Strukturen liege, würden sie zu einer sozialeren Einstellung kommen und mit mir anders umgehen. Ich habe diese Gespräche geführt, sie blieben jedoch fruchtlos.

Mein zweiter Vater bewaffnete mich, schickte mich in eine Kampfsportschule und versetzte mich in die Lage, mir von Fall zu Fall Ruhe zu verschaffen. Es gab zwar immer noch Prügeleien, es war aber nicht mehr von vornherein ausgemacht, dass ich verlor. Im Gegenteil. Trotzdem habe ich die Heroisierung der körperlichen Kämpfe nie nachvollziehen können – weder als Kind, wenn mein zweiter Vater beim Essen stolz erzählte, dass er aus dem Auto heraus beobachten konnte, wie ich zwei Jungen in die Flucht geschlagen hatte, noch als ich viele Jahre später im Kino sah, wie *Fight Club* die Prügeleien in das zärtliche Licht einer heteronormativen Romantik tauchte. Mir erschienen die Kämpfe nur lästig, ein notwendi-

ges Übel. An einen erinnere ich mich aber gern, weil er mir die gegenseitige Bedingtheit der unterschiedlichen Lösungsansätze meiner Väter vor
Augen führte.

Ich war von einer Gruppe älterer Jungs dazu gezwungen worden, mich
am Nachmittag auf dem Spielplatz einzufinden, um mit einem nach dem
anderen zu kämpfen. Dazu kam es jedoch nicht. Denn nachdem ich mich
gegen den ersten halbwegs geschlagen hatte, winkten die anderen ab. Ich
hegte bereits die Hoffnung, für heute vom Schlägern erlöst zu sein und
noch den Bus zum Tischtennis zu erwischen, als plötzlich Günther vor
mir stand. Einer der Jungs hatte ihn geholt. Günther und ich waren beide
Außenseiter und früher mal zusammen beim Judo gewesen. Ich hatte ihm
schon damals nicht das Wasser reichen können. Denn von dem Killer-
instinkt, der mir beim Kämpfen fehlte, hatte Günther mehr als jeder andere. Er ging durch mich hindurch wie ein heißes Messer durch Butter.
Kann sein, dass er zwei, drei Schläge einsteckte, aber seine Kippe, die er
zu Beginn des Kampfes weggeschnipst hatte, glühte noch, als ich außer
Gefecht am Boden lag und er über mir kniete und seine Kippe heiter
weiterrauchte. Nachdem die anderen Jungs ausreichend Zeit gefunden
hatten, mich zu verhöhnen, ließ er mich gehen.

Ein paar Wochen später traf ich ihn auf dem Schützenfest wieder. Er
lud mich zum Essen ein, Currywurst, Pommes, Cola. Ich sollte auf seine
Kosten bestellen, was ich wollte, aber ich war viel zu nervös, um beherzt
zuzugreifen. Als ich ihn fragte, wie ich zu der Ehre käme, meinte er, das
sei mein Anteil von dem Geld, das die Jungs vom Spielplatz ihm neulich
gezahlt hatten, um mich fertig zu machen.

Ich weiß nicht, was mit Günthers Vater war. Ich habe ihn nie gesehen
und glaube, er musste ohne ihn aufwachsen. Seinem Verhalten nach zu
urteilen, wird es aber jemanden gegeben haben, der oder die mit ihm ge-
legentlich am Fluss gesessen hatte. Er hat mich nicht krankenhausreif geschlagen, er hat sogar die anderen davon abgehalten, mich zu bespucken,
und schließlich war seine Einladung auf Cola und Pommes ein Zeichen
der Verbrüderung – denn jeder konnte uns dort sitzen sehen. Damit er-
hob er uns beide über die Hackordnung. Die beiden Ratschläge meiner

Väter haben sich gewissermaßen in seinem Verhalten verbunden: Letzten Endes rettet uns nur die Solidarität miteinander. Aber auf dem Weg dahin ist eine Menge Kriegsdienst vonnöten.

Der Vater führt das Kind in die Welt der Phänomene ein

Eine andere Lehre, die ich meinen Vätern verdanke, ist eine distanzierte Sicht auf die Dinge und Ereignisse. Meine Väter haben mit mir die Welt angeschaut wie einen Film, oder besser gesagt, so, als ob man einen Film in Zeitlupe ablaufen lässt und einzelne Bilder herausgreift, mit anderen vergleicht und kombiniert. Bei meinem ersten Vater waren das vor allem Ereignisse, persönliche, politische oder historische, die er mit mir betrachtet und kommentiert hat, oder technische Dinge, die nicht nur auf ihre Funktionsweise hin untersucht oder beschrieben, sondern auch in verschiedenen Zusammenhängen beleuchtet wurden. Für die Technik habe ich mich nie interessiert, aber für die Geschichten dahinter. Ich erinnere mich zum Beispiel daran, wie wir einmal meine Fahrradlampe reparierten, aus der sich ein Kabel gelöst hatte, und wie er mir zum Vergleich die alte Fahrradlampe meines Großvaters zeigte, eine Karbidlampe, die noch mit Gas funktionierte, und wie er mir, ausgehend von diesem alten Stück und der vielfachen Verwendung ähnlicher Lampen erzählte, dass mein Mathematiklehrer so eine Karbidlampe am Rad meines Großvaters einmal zerschlagen hatte, als er als Student auf einer Baustelle jobbte, die mein Großvater leitete. Da es sich mein Großvater als Maurerpolier und Vater von drei Kindern nicht leisten konnte, eine Fahrradlampe einfach so zu ersetzen, hat er den Studenten die Reparatur bezahlen lassen. Das kostete diesen fast seinen ganzen Tageslohn, denn der Bauunternehmer »hat die Leute ganz schön ausgemistet«, wie mein Opa zu sagen pflegte, und nur soviel gezahlt, wie gerade nötig war, dass keiner verhungert. Diese Ausbeutung hat mein Vater dann noch weiter ausgeführt, mit breitem historischem Pinsel und scharfer linker Zunge. Dann kam er auf meinen Lehrer zurück und meinte, dass dieser die Sache meinem Großvater nie verziehen habe, wie er aus eigener Erfahrung wüsste. Wenn er mich jetzt also auf dem Kieker habe, solle mich das nicht wundern.

Mein zweiter Vater richtete meinen Blick auf andere Dinge. Er ist nur zwanzig Jahre älter als ich und war als junger Mann ein kleiner Dandy. Er sprach mit mir viel über das Leder von Schuhen oder die Verarbeitung von Stoffen, über Schnitte und Moden und ihre Geschichten. Seine Arbeit als Kürschner brachte das mit sich. Mit Musik, Büchern und Filmen verfuhr er ähnlich. Was es heißt, ein Archiv zu führen, eine Plattensammlung oder Bibliothek, davon bekam ich erst durch ihn eine Ahnung. Außerdem hat er die Angewohnheit, das Verhalten der Menschen um sich herum ausgiebig zu analysieren. Warum tut sie, was sie tut? Was fühlt sie dabei? Und wie verhält sich das zu dem, was er fühlt oder in ähnlichen Situationen gefühlt hat? Und wie ist es bei mir? Das Verhalten von Menschen, insbesondere von mir und denen in meiner Familie, wurde so zu etwas, das ich zu betrachten lernte wie Szenen auf der Bühne und unser Innenleben erschien mir wie ein Naturschauspiel, das wir betrachteten.

Indem meine Väter mit mir so auf die Welt blickten, lernte ich, die Dinge und Ereignisse als Phänomene zu sehen. Ich hörte auf, einfach so im Strom des Lebens dahinzuleben und rückte in eine kontemplative Distanz zu ihnen.

Damit vermittelten meine Väter mir eine Zurückhaltung gegenüber der Welt, die auch die Verhältnisse des Vaters zum Gesetz und zum Lauf der Zeit prägen, wie ich sie beschrieben habe. Denn der Vater tritt gegenüber dem Gesetz zurück und enthält sich des Urteils über das Kind. Er tritt mit seinem Kind gegenüber dem Fluss der Zeit zurück und setzt sich ans Ufer. Und er tritt mit ihm auch gegenüber der Welt zurück und lehrt es, die Erscheinungen des Lebens als Phänomene zu sehen. Der Philosoph Edmund Husserl bezeichnet diese dritte Zurückhaltung »phänomenologische *Epoché*«.[51] Entsprechend ließen sich die erste (gegenüber dem Gesetz) juridische *Epoché* des Vaters bezeichnen und die zweite (gegenüber dem Kauf der Zeit) als temporelle *Epoché* des Vaters bezeichnen.

In der Distanz, in die die Dinge und Erscheinungen durch die phänomenologische Epoché rücken, gewinnen sie eine eigene Souveränität.
Es ist nicht nur so, dass wir die Dinge ansehen wie ein Bild, sie blicken
auch zurück. Was wir sehen, blickt auch uns an.[52] Damit verändert sich
unser Verhältnis zur Umwelt. Sie kommt mit »ausgreifend lebendiger Bewegung auf uns zu«, sie geht uns an und ergreift von uns Besitz; sie kann
uns überraschen, erstaunen und betroffen machen.[53] Gleichzeitig erlaubt
es diese Distanz jedoch erst, die Dinge als Phänomene zu betrachten, zu
vergleichen und einen kuratorischen Blick auf sie einzunehmen. Dadurch
kann ich mein Leben umfassend ästhetisieren.

Diese Ästhetisierung des Lebens aus der kontemplativen Distanz zeigt,
dass auch das Schöne in der *vita contemplativa* seinen Platz hat, und dass
das väterliche Sein zum Tode weder freudlos noch genussarm ist. Vielmehr ist eine Ästhetisierung des Lebens, die die einzelnen Momente weder zu einer ewigen Wiederkehr des Gleichen relativiert noch sie mit der
Aufgabe belastet, ein Bollwerk gegen die Vergänglichkeit zu sein, überhaupt erst in der *vita contemplativa* möglich. Denn nur wer in der Lage ist,
den Augenblick ethisch-praktisch zu ergreifen, kann ihm auch ästhetisch
huldigen.

Indem die väterliche *vita contemplativa* den Besitz eines Ethos zur Voraussetzung für den Genuss des Lebens erklärt, schließt sie an die stoische
Lebenslehre an, die davon ausgegangen war, dass wir uns allen Genüssen
hingeben können, wenn wir uns erst einmal eine harte Haut gegen das
Schicksal haben wachsen lassen. Dabei resultiert auch die innere Festigkeit des Stoikers aus der Einsicht in das »Vergehen und Vernichten aller
Dinge.« Im Gegensatz zum väterlichen Vorlaufen zum Tode führt die stoische Auffassung der Vergänglichkeit jedoch dazu, »das Menschliche jeder
Zeit als etwas Flüchtiges und Wertloses« anzusehen.[54] Der Stoiker erweist
sich darin als strenger Erbe der traditionellen *vita contemplativa*, von der
Sokrates gesagt hatte, dass sie die Lüste des Essens und Trinkens, der ge-
schlechtlichen Liebe und der übrigen Besorgung des Leibes genauso verachtet wie »schöne Kleider und Schuhe und andere Arten von Schmuck
des Leibes«.[55] Anders als der sokratische Weise muss sich der Stoiker je-

doch jeden Tag aufs Neue dazu überreden. Dazu installiert er einen inneren Lehrer, der alles, was er tut, überwacht. »Es wohnt in uns ein Heiliger Geist als Beobachter und als Wächter über unsere guten und schlechten Taten.«[56] Und der Stoiker fasst das ganze Leben als ein Schauspiel auf, um sich von ihm als einem bloßen Spiel distanzieren zu können. Auf das Stück selbst gesteht er sich jedoch keinen Einfluss zu; es ist vorgegeben. Er kann bestenfalls von der Bühne gehen, wenn ihm der Text nicht mehr gefällt. »Es steht mit dem Leben ähnlich wie mit einem Theaterstück: nicht auf die Länge kommt es an, sondern auf die Güte des Spiels. Es liegt nichts daran, wo du aufhörst. Höre auf, wo du willst. Nur an einem guten Schluß laß es nicht fehlen«, schreibt Seneca an seinen Schüler Lucius.[57]

Dieser Fatalismus ist dem Vater fremd. Er läuft nicht zum Tod vor, um dem Leben gleichgültig gegenüberzustehen, sondern um es engagiert zu gestalten. Hier hält er es mit dem gegnerischen Lager der Epikureer, die meinen: »Die Zukunft liegt weder ganz in unserer Gewalt noch ist sie völlig unserem Willen entzogen. Das ist wohl zu beachten, wenn wir nicht in den Fehler verfallen wollen, das Zukünftige entweder als ganz sicher anzusehen oder von vornherein an seinem Eintreten völlig zu verzweifeln.« Wie der Epikureer ist auch der Vater jemand, »der über das von gewissen Philosophen [gemeint sind die Stoiker] als Herrin über alles eingeführte allmächtige Verhängnis lacht und vielmehr behauptet, daß einiges zwar infolge von Notwendigkeit entstehe, anderes dagegen infolge des Zufalls und noch anderes durch uns selbst«.«[58] Mit dem Stoiker teilt der Vater zum einen den Blick auf sich selbst als jemand, der eine Rolle spielt, die nicht mit ihm identisch ist und die er zudem gut spielen muss, zum anderen die differenzierte Haltung zu den Dingen und Ereignissen, die aus dieser Tatsache resultiert. Dabei kann diese kontemplative Haltung gegenüber den Dingen als phänomenologische *Epoché* beschrieben werden und der Vater als Führer in die Welt der Phänomene.

Besondere Bedeutung kommt dabei solchen Ereignissen zu, die Waldenfels als »Stiftungen« beschreibt. Ein Beispiel dafür ist der erste Pfirsich seines Lebens, den ihm sein Vater gegeben hat. Das war im August 1945, wie er mir erzählte. Waldenfels und sein Vater standen an der Trambahn-Endstation in Essen-Bredeney und der Sohn bekam von seinem Vater etwas zu kosten, was er vorher noch nie gegessen hatte. Einen Pfirsich. Dieser Pfirsich begründete die Kategorie der Pfirsiche. Alle zukünftigen Pfirsiche sind daran gemessen worden, bis heute. Sind sie ähnlich fest und saftig? Süßer? Herber? Wie riechen sie? Zieht sich das Fleisch in Fasern? Wie ist die Farbe? Bei jedem weiteren Pfirsich kam er auf die Erfahrung zurück, die er mit seinem Vater gemacht hatte.

Dabei stiftete die Pfirsich-Erfahrung nicht nur seinen Begriff vom Pfirsich, sondern auch das, was er in seiner Philosophie später Pathos und Response nannte. Denn es war für ihn nicht nur die erste Begegnung mit dem Phänomen Pfirsich, sondern überhaupt mit dem, was ein Phänomen ist. Und auch mir hat er diese Erfahrung nicht geschildert, um mir etwas über seinen Vater mitzuteilen, sondern über seine Auffassung von Phänomenologie. Ich glaube, dass sie ein gutes Beispiel dafür ist, wie sich der Vater für die Kinder als derjenige erweist, der sie in die Welt der Phänomene führt, und wie diese Führerschaft aus seiner *vita contemplativa* folgt.

Kapitel 8

Resümee: Das väterliche Sein zum Tode – eine fröhliche Wissenschaft

Ich will meine Rollenbeschreibung kurz zusammenfassen: Die Väter der Zukunft sind furchtlose Gesellen. Sie laufen vor bis zum Tode und blicken von dort gelassen zurück. Sie sitzen mit ihren Kindern am Fluss und schauen zu, wie alles vergeht. So lehren sie diese, die einzelnen Vollzüge ihrer Handlungen zu übersteigen und das Leben als Ganzes zu begreifen. Sie unterstützen sie dabei, eine Ordnung ihres Herzens auszubilden und sich selbst ernst zu nehmen. Zu verwirklichen, was sie lieben, und fallen zu lassen, was nicht mehr zu ändern ist. Dass etwas wirklich zu lieben eine absolute Entscheidung ist, zeigen die Väter ihren Kindern an ihrer Liebe zu ihnen. Diese Liebe ist ein Sprung ins Unbedingte. Nicht sagen »halb und halb«, nicht denken »Wiederkehr«, sondern eine absolute Entscheidung für jemanden oder etwas. Dieses gute Leben ist nicht unbedingt das schöne Leben, weil jedoch das schöne Leben nur als gutes Leben genossen werden kann, ist der Sprung darein die Voraussetzung dafür.

Indes können sich die Väter der Zukunft bei diesem Sprung in das gute Leben nicht auf Recht und Ordnung berufen, denn sie wissen, dass sie sich dadurch nur von ihren Kindern entfernen. Und sie wollen ihre Kinder nicht in einer ihnen äußerlichen Ordnung einsperren, um sich an die sicheren Gestade des Gesetzes zu retten. Sie sehen dem Chaos offen ins Auge und balancieren mit der Nonchalance eines Tänzers auf einem Seil über dem Abgrund. Sie lehren ihre Kinder auf tauendem Eise zu gehen. Gerade dadurch machen sie ihre Kinder jedoch zu halbwegs anständigen Menschen, die nicht nur eine eigene Ordnung des Herzens ausbilden können, sondern auch der des anderen mit Wohlwollen begegnen. Und sie können den Herausforderungen der Zukunft mit Demut und Verzicht entgegentreten. Dabei folgt ihr Ethos dem der Artisten, das sie vertreten nicht aus bestimmten moralischen oder politischen Vorannahmen, sondern allein aus der Übertragung der Geschlechterspannung zwischen Vater und Mutter auf die Grundspannung des Lebens, das sich zwischen Geburt und Tod, Leben und Sterben erstreckt. Ihre *fathercraft*, ihre Kunst ist die fröhliche Wissenschaft, sterben zu lernen.

Kapitel 9

Klimainduzierte Askese: Wie uns das väterliche Sein zum Tode helfen kann, den Herausforderungen der Zukunft zu begegnen

Wenngleich der Vater nicht mehr über die Autorität verfügt, mit der er dem Kind befehlen kann, sein Leben zu ändern, kommt diese Autorität nun einer anderen Kraft zu. Es ist die mit dem Klimawandel verbundene globale Katastrophe, die sich schon am Horizont abzeichnet. Sie vermag es, zu uns mit der Autorität zu sprechen, die früher den Vätern zukam. Sie sagt: Du musst dein Leben ändern![1] Das väterliche Sein zum Tode, seine fröhliche Wissenschaft, sterben zu lernen, etabliert jedoch eine Haltung gegenüber der Welt und dem Leben, die es ermöglichen, diesen Imperativ befolgen.

Einer der ersten, der die autoritative Stimme der Umwelt hörbar machte, war der Chemiker Wilhelm Ostwald, der bereits 1912 in seiner Schrift *Der energetische Imperativ* seine Zeitgenossen zur Sparsamkeit anhielt, weil die natürlichen Reserven alsbald unwiederbringlich verbraucht sein könnten. Seither reißen diese Stimmen nicht ab; sie sind immer häufiger und lauter zu vernehmen und inzwischen nicht mehr zu überhören. Eines der eindrucksvollsten frühen Beispiele ist die vom Ökonomen Werner Sombart kolportierte Aussage des Soziologen Max Weber, der zu ihm gesagt haben soll, dass der Hexensabbat des Kapitals erst dann sein Ende haben werde, wenn »die letzte Tonne Erz mit der letzten Tonne Kohle verhüttet sein wird«.[2]

Webers dramatische Vision macht zwei zentrale Merkmale der Warnungen deutlich, die der drohenden klimatischen Katastrophe gelten: erstens die Logik der Apokalypse, der sie gehorchen, zweitens die Benennung der Schubkräfte, die der Befolgung dieser Warnungen entgegenstehen.[3] Die Logik dieser Warnungen ist apokalyptisch, weil sie ihre Evidenz vom tragischen Ende her gewinnen, zu dem sie vorlaufen und von dem aus sie auf die Gegenwart zurückblicken, um zu beurteilen, welche Praktiken beibehalten werden können und welche nicht, und wie wir uns verhalten müssen, um das Ende, das sich am Horizont abzeichnet, abwenden zu können. Insofern entspricht die Zeiterfahrung, die den klimapolitischen Appellen zugrunde liegt, der kontemplativen Haltung des Vaters, die ich als ein Vorlaufen zum Tode beschrieben habe. Explizit wird das etwa in Carl Amerys Klimabuch *Die Botschaft des Jahrtausends. Von Leben, Tod und Würde* (1994). Amery erinnert seine Leser nicht nur daran, dass sie selbst, wie alle Menschen, sterblich seien, sondern dass überhaupt das menschliche Leben auf der Erde zu Ende sein könnte, wenn die drohende klimatische Katastrophe nicht abgewendet werde. Nicht nur der Einzelne stirbt, alles menschliche Leben stirbt und der Planet zieht fortan ohne uns seine Bahn. Indem Amery das Vorlaufen zum Tode auf die Gattung ausweitet, rückt er das, was bisher praktisch unmöglich schien, in den Horizont des Möglichen. Das Utopische wird realistisch. Dem Schrecken, der mit dieser negativen Utopie oder Dystopie verbunden ist, verdankt die Rede ihre Autorität. Es ist ein Imperativ des Schreckens aus dem Vorlaufen zum Tode.

Dabei liegt diesen Reden ein verändertes Bild von der Umwelt respektive der Natur zugrunde und wenn wir ihnen Glauben schenken, verändert sich auch unser Bild entsprechend. Bei den meisten von uns ist das schon geschehen. Wir sehen sie nicht mehr als einen vernachlässigbaren Randbereich unseres Handelns, in dem wir dessen unbeabsichtigte Nebenfolgen, unsere Emissionen, abschieben können, sondern als einen komplexen Akteur, mit dem wir rechnen müssen, wenn wir überleben wollen: Die Erderwärmung, die Emission von Klimagasen, die Meeresspiegel, Antibiotika im Grundwasser und so weiter und so weiter, all das sind Elemente einer systemisch verstandenen Natur, für die der Soziologe Bruno Latour den Begriff »Gaia« verwendet. Damit bezeichnet er das selbstregulierende System aller lebenden Dinge, das auf der Erde Zustände schafft, unter denen Leben möglich ist.[4] Seit Mitte des 20. Jahrhunderts verändert sich die Situation insofern, als die Handlungen von uns Menschen massiv in dieses System eingreifen. Dieses Erdzeitalter wird gemeinhin als Anthropozän bezeichnet. Seine Vorgeschichte lässt sich bis in die Anfänge des menschlichen Ackerbaus und der Viehzucht zurückverfolgen, nachhaltige Veränderungen der Atmosphäre, der Bodenbeschaffenheit oder der Meeresspiegel sind jedoch erst nach 1945 messbar, genauso wie das Auftauchen von Technofossilien wie der Plastikwirbel im Pazifik, der 622-mal so groß ist wie das Saarland (oder viermal so groß wie Deutschland: 1,6 Millionen km²).[5] Mit dem Aufkommen des Anthropozäns ist jedoch auch eine Veränderung des Systems Umwelt verbunden. Gaia antwortet auf diese Eingriffe, indem Teile des Systems ihr Verhalten den veränderten Bedingungen anpassen, um ihr Überleben zu sichern. Und sie tut das in mitunter für uns brutalen Reaktionen. So ändert sich im Anthropozän nicht nur unser Blick auf uns, sondern auch auf die Natur, die wir als Mit- oder Gegenspieler in der Verwirklichung unserer Lebensentwürfe zu begreifen lernen.[6] Dabei übersteigen wir den Vollzug unseres Lebens in ähnlicher Weise, wie es das Kind tut, wenn es mit dem Vater am Fluss sitzt und dem Lauf der Welt zusieht.

Die apokalyptische, oder wie wir jetzt auch sagen können, väterliche Logik der Klimapolitik und das väterliche Übersteigen der eigenen Handlungsvollzüge kennzeichnen auch die Reden derer, die uns nicht dazu auffordern, unser Leben zu ändern, weil sie keine Aussichten auf Erfolg sehen oder weil sie meinen, uns könne nur der technische Fortschritt retten. Denn auch sie laufen zum Ende vor und auch sie verstehen die Natur als einen selbstständigen Akteur. Allein auf die Ignoranten, die meinen, sie lebten noch im Holozän, trifft das nicht zu.

Webers Prophezeiung führt nicht nur die väterliche Logik der Apokalypse vor, die in der Klimadebatte vorherrscht, sondern benennt mit dem Kapitalismus und der Industrie auch die entscheidenden Schubkräfte, die dem Befolgen der Warnungen entgegenstehen. Denn beide folgen einer Logik der Steigerung, sei es durch Zinsen oder durch eine Zunahme der Effektivität, und organisieren unseren Stoffwechsel mit der Natur entsprechend.

Die einzigen Antworten auf die apokalyptische Logik der Klimadebatte, die aus ihrer Sicht annehmbar erscheinen, sind solche, die versprechen, die befürchteten Folgen mit technischen Revolutionen abfedern zu können. Dabei ist es nicht so, dass sie die Logik der Apokalypse in ihre Logik der Steigerung integrieren würden, vielmehr ist ihnen ein Vorlaufen zum Ende fremd. Sie denken das Leben nur vom Anfang her. Sie kennen nur die Vermehrung, nicht den Verzicht, nur die Beschleunigung, nicht die Verlangsamung, nur die eine Richtung: nach vorn, nicht aber den Blick zurück. Damit entsprechen sie nicht nur dem Selbstentwurf des modernen Homo oeconomicus, der sich nach dem Bild der Seefahrer und Glückssucher ins Offene hinein entwirft, ohne dabei an eine Grenze zu denken, sondern auch einer modernen Logik der Geschichte, die ihr Heil in der Zukunft als einer unendlichen Erfolgsgeschichte sucht, aus der sie alle Vorstellungen eines Endes oder Todes eliminiert hat.[7] Die Moderne ist der Fortschritt, die Erweiterung der Optionen, eine Bejahung der Gegenwart auf Kosten der Vergangenheit, ein unabschließbares Projekt der emphatischen Trennung von alten Zeiten und eine Flucht nach vorn.[8] Weder das Vorlaufen zum Tode noch das Übersteigen der eigenen Lebensvollzüge kann hier seinen Ort finden. Denn in dieser gesteigerten *vita activa* ist jeder Tag ein »Werktag, wo der Mensch auf seinen Beinen steht[,] Herr ist und nach seinen Interessen handelt«, wie der Philosoph Georg Wilhelm Friedrich Hegel schreibt.[9] Das Gegenstück ist der »Sonntag des Lebens, wo der Mensch demütig auf sich selbst verzichtet«. Solche Tage gibt es bei uns jedoch nicht. Im Gegenteil, wir leben ein Leben ohne Sonntage. Von einem demütigen Verzicht auf uns selbst, wie er zur Bewältigung der drohenden klimatischen Katastrophe notwendig wäre, gibt es keine Spur. Eben dazu könnte jedoch die sonntägliche oder eben väterliche Kontemplation führen. Wenn wir uns fragen, wie der sonntägliche oder väterlich-demütige Verzicht auf uns selbst wieder in eine Gesellschaft integriert werden kann, die dafür keinen Platz hat und diesen Platz dennoch finden muss, lautet meine Antwort: über die Väter. Sie erweisen sich darin als Väter der Zukunft, dass sie uns die Möglichkeit bieten, die negierte *vita contemplativa* wieder in unser Leben zu integrieren. Mehr Sonntage! Mehr Vatertage!

Ein dritter Aspekt, wie die Erfahrungen, die mit der Figur des Vaters verknüpft sind, uns helfen können, auf die Herausforderungen des Klimawandels zu reagieren, betrifft konkrete Veränderungen unseres Wirtschaftens. Wir müssen vom unbegrenzten Streben und bloßem Erwerben in eine neue Ökonomie finden, die anstelle des bloßen, wenn auch immer weiter gesteigerten Lebens das gute Leben setzt. Letzteres ist die Wirtschaft des Hausvaters, wie Aristoteles sie skizziert. Ihr geht es weniger um den Erwerb als um die Pflege der Dinge, weniger um ihren Konsum als um ihren Erhalt. Und angesichts der Dinge, die konsumiert werden, fragt der Hausvater vor allem, wie sie uns verändern. Aristoteles nennt das die *Transsubstantiation*, eine Wesensverwandlung. Katholische Theologen haben sich diesen Begriff im Mittelalter angeeignet, um die Wandlung des Brotes in den Leib und des Weins in das Blut Christi zu bezeichnen, die sie in der Messe feiern. Aristoteles versteht ihn indes noch ganz weltlich. Die Reflexion unseres Konsums in Bezug darauf, was er mit uns macht, ist eine Möglichkeit für Väter, unser Wirtschaften zu verändern. Denn dass wir die Sofas werden, auf denen wir sitzen, wie der italienische Futurist Umberto Boccioni über die wesensverwandelnde Kraft des Konsums gesagt hat, heißt ja nicht nur, dass wir uns ganz konkret mit dem anfüllen, was wir verzehren, sondern, dass uns auch die Art und Weise bestimmt, wie wir das, was wir konsumieren, erzeugen.[10]

Das gilt beispielsweise für unseren Umgang mit Tieren, den ich hier herausgreifen will – als einen Fall, in dem sich die notwendige Neubestimmung unseres Wirtschaftens von der Hausvaterwirtschaft anregen lassen kann. Wenn wir im Zusammenleben in der Familie die Erfahrung machen, dass wir einander fremd und unverfügbar sind und dass wir uns nicht als Objekte behandeln dürfen, sondern überlegen müssen, inwieweit wir die Realisierung unserer Herzensordnung dem anderen zumuten dürfen, können wir uns damit nicht nur auf Menschen beschränken. Wir müssen vielmehr alle Lebewesen einbeziehen, für die es so etwas wie Bedeutung gibt – und das heißt auch Tiere. Denn wenngleich Tiere nicht in dem Sinne eine Ordnung des Herzens ausbilden können, dass sie über die verschiedenen Wünsche und Ziele, die in ihnen auftauchen, nachdenken und sich überlegen können, welche sie sich zu eigen machen wollen und welche nicht, und wenngleich sie keine Vorstellung von ihrem Leben als einem Ganzen haben, das sie sinnvoll gestalten wollen, haben sie doch ein klares Bewusstsein davon, ob sie Schmerzen haben oder Freude empfinden.[11] Und da sie keine Vorstellung von ihrem Leben als einem Ganzen haben, können sie die in einem Moment empfundenen Schmerzen auch nicht sinnvoll in ihr Leben integrieren, wie wir das tun, wenn wir beispielsweise die Schmerzen einer Behandlung auf uns nehmen, um ein schlimmeres Leiden zu heilen oder dem Tod zu entgehen. Deshalb ist ihre Abhängigkeit von Freude oder Schmerz viel größer als bei uns. Der Philosoph Robert Spaemann meint, sie litten unter Schmerzen vermutlich doppelt so stark wie wir. Deshalb widerspricht sich ein Vater, der die Verwirklichung seiner Herzensordnung für sich in Anspruch nimmt, und seine Kinder dazu erzieht, die ihre zu realisieren, selbst wenn er in seiner Familie den Konsum von Produkten duldet, bei deren Produktion oder Überprüfung Tiere leiden mussten – es sei denn, es handelt sich um lebenswichtige Medikamente. Mit Fleisch aus Massentierhaltung auf dem Grill, einem Hundepelzkragen an der Winterjacke und Anti-Aging-Cremes aus dem Tierlabor im Gesicht machen sich Väter lächerlich. Und das gilt auch dann, wenn sie nur selbst darauf verzichten, sich nicht aber dafür einsetzen, dass solche und entsprechende Produkte überhaupt aus der Ökonomie verschwinden. Denn das Recht der Freiheit gegenüber der Notwendigkeit, das die Ökonomie des Hausvaters gegen die bloße Steigerungs- und Erwerbswirtschaft verteidigt, kann nicht nur in den eigenen vier Wänden gelten. Mit der Rolle des Vaters als Hausvater ist also die Verpflichtung verbunden, sich auch politisch für einen umfassenden Wandel des Wirtschaftens einzusetzen – ohne freilich in eine Manufactum-Romantik zu verfallen, die eben wieder nur ein Versuch ist, das Leben zu ästhetisieren, um der Zukunft nicht entschlossen ins Auge blicken zu müssen.

Auch das Arbeiten ändert sich unter Einfluss der väterlichen *vita contemplativa*. Denn wenn es darum geht, das Leben als ein Ganzes aufzufassen, werden die einzelnen Handlungen von ihren unmittelbaren Zwecken abgelöst und daraufhin betrachtet, inwiefern sie zum Gelingen des ganzen Lebens beitragen. Dadurch gewinnt die Ausführung der einzelnen Handlung ein eigenes Gewicht gegenüber ihren Ergebnissen – es geht wie beim Klavierspielen im selben Maße um das, was mit der Handlung hergestellt werden soll (das Stück wird zu Gehör gebracht) als auch um den Vollzug der Handlung selbst (es wird Klavier gespielt). Man stelle sich etwa einen Schuster vor, der die Handlungen des Schusterns – ein in der Philosophie überaus geschätztes Handwerk – nicht nur ausführt, um einen Schuh herzustellen, sondern auch, um zu schustern, und in dessen Händen während des Schusterns eben ein Schuh entsteht.[12] Man könnte angesichts eines solche Schauspiels meinen, im Theater zu sitzen und keinem Handwerker zuzusehen, der etwas herstellt, sondern einem Schauspieler, der ein Handwerk vorführt.

So motiviert die väterliche *vita contemplativa* nicht nur eine Intensivierung der Arbeit, sondern auch eine Distanzierung von ihr. Die Intensivierung der Arbeit verleiht ihrem Vollzug ein größeres Gewicht, an das sich ein Ethos des Arbeitens knüpfen kann. Diesem Ethos geht es nicht vornehmlich darum, was hergestellt wird, sondern wie es hergestellt wird. Damit ist nicht nur eine Reflexion der Produktionsbedingungen verbunden, die den Arbeiterinnen und Arbeitern einen bewussten Vollzug ihrer Tätigkeit erlauben müssen, sondern auch ein Stolz des Arbeiters, der den Wert seiner Arbeit nicht nur am Marktwert dessen bemisst, was er herstellt, sondern auch an der Güte seines Arbeitens.

Diese Emanzipation des Selbstwertgefühls des Arbeiters vom Marktwert seines Produktes verbindet die Intensivierung der Arbeit in ihrem Vollzug mit der Distanzierung von der Arbeit durch ihre Auffassung als Spiel einer Rolle. Denn so wenig, wie der Schauspieler mit seiner Rolle identisch ist, so wenig ist es der Arbeiter mit seiner Stelle. Und so wenig der Status der Bühnenfigur den Wert der Darbietung bestimmt, so wenig bestimmt die Stelle den Wert des Arbeiters.

Ich will die Impulse aus der väterlichen *vita contemplativa* für unser Handeln im Hinblick auf die drohende klimatische Katastrophe kurz zusammenfassen: die Integration einer apokalyptischen Logik in unsere

Entscheidungsprozesse, die Veränderung unseres Blicks auf die Umwelt von einer Deponie unserer Emissionen zu einem gleichberechtigten Akteur, mit dem wir rechnen müssen, der demütige Verzicht auf uns selbst angesichts eines drohenden Endes der Gattung und die Möglichkeit, dieses Ende überhaupt denken zu können, das Offenhalten der Zukunft für Lösungen, die nicht im technischen Fortschritt und in weiterem Wachstum bestehen, die Integration des Verlusts und Verzichts in das Repertoire unserer Verhaltensweisen, die Veränderung des Konsums hin zu Pflege und Erhalt, die Reflexion der Produktionsbedingungen als etwas, das bestimmt, wer wir sind, die Notwendigkeit eines Wohlwollens gegenüber Tieren und ein neues Ethos der Arbeit, das den Vollzug der Tätigkeit mit ihrem Produkt gleichauf stellt und den Wert der Arbeit und des Arbeiters vom Marktwert des Produktes emanzipiert.

Kapitel 10

Lob des Gammelns –
ein Postskriptum

Zum Schluss noch ein Wort über den Körper des Vaters. Ich hatte im siebten Kapitel, in dem ich explizit über die Liebe und Nähe zwischen Eltern und Kindern spreche (Unterkapitel »Liebe«), darauf hingewiesen, dass die größere Nähe, die Mutter und Kind zumindest anfänglich verbindet, aus der Intimität erwächst, die damit zusammenhängt, dass das Kind (meist) in ihrem Körper heranwächst, von ihr gestillt und gewiegt wird. Aus dieser Intimität heraus entwickelt es erst nach und nach ein eigenes Körperschema. Daraus hatte ich gefolgert, dass auch der Vater dem Kind leiblich erfahrbar werden müsse, wenn ihn eine ähnliche Intimität mit seinem Kind verbinden soll. Es muss ihn als einen warmen, liebenden Körper neben seinem Körper erfahren, als eine Fortsetzung seines Köpers im gemeinsamen Tun, als vertraute Stimme und als Resonanzraum seiner Erfahrungen. Hier will ich einen Vorschlag machen, wie das gelingen kann. im gemeinsamen Gammeln.

Mein Vorschlag des vaterkindlichen Gammelns schließt in theoretischer Hinsicht an die Überlegungen Theweleits an, der betont, wie eng das Selbstbild des Mannes mit der Erfahrung seines Körpers verbunden ist, und der darauf hinweist, dass »Männer eine 12 000 Jahre alte Gewalt- und Kriegsgeschichte im Körper [tragen], die ihnen eine Dominanz verleiht und in unseren Gesellschaften gepflegt und gefördert wird.« Theweleit meint, dass eine Veränderung des Körperbildes auch eine Veränderung des Umgangs zur Folge hätte. Dem stimme ich zu. Ich bezweifle jedoch, dass die Reduktion von (körperlicher oder

technischer Gewalt) automatisch Gleichheit herstellen würde, wie Theweleit meint.[1] Denn unsere Kultur kennt ja auch eine große Tradition von Herrschaftsmitteln, die nicht im körperlichen Sinne gewaltsam
sind. Dazu gehören etwa die manipulativen, psychologischen und im
weiteren Sinne artistischen Mittel, den täglichen Krieg aller gegen alle
zu bestreiten, die ich in Kapitel 7 angesprochen habe. Auch ihnen ist
noch eine große Anspannung, motorische Kraft und Gewalt über den
eigenen Körper eigen, wie jeder weiß, der einmal über ein Hochseil
balanciert ist, ernsthaft getanzt oder auch nur gelächelt hat, wo ihm
eigentlich zum Weinen zumute war. All das erscheint absichtslos, ist
jedoch mit großer Mühe vollbracht.

Ich glaube, dass sich das Selbstbild eines Mannes von ganz allein ändert, umso stärker er in die Pflege und Versorgung der Kinder eingebun-
den ist. Wer andere tröstet und in den Schlaf wiegt, wer ihnen die Hand
hält, damit sie einschlafen können, wer wäscht und wickelt und Haare
kämmt, wer Spucktücher wäscht, Pflaster aufklebt und beim Tischspruch
die Hände reicht, um sie dann rhythmisch zu schütteln, wer in und auf
den Arm nimmt, wer tanzt und küsst, wird das Selbstbild als Vertreter
von Gesetz, Geld und Ordnung nicht lange aufrechterhalten können.

Ich glaube jedoch, dass es neben dieser Übernahme der Sorge und Pflege noch eine andere spezifische Körperpraxis gibt, mit der Väter das Weiche und Fließende erwerben können, das sie benötigen, um ihren Kindern nah zu sein – und das umso mehr, als es der artistischen Anspannung
und dem Tänzerischen ihrer Seelen als notwendiges Gegengewicht oppo-
niert: Es ist das süße Nichtstun, das *dolce far niente*, die reine Regression.
Benn, zum Beispiel, bedichtet diese Regressionen so:

»Oh, dass wir unsere Ur-ur-ahnen wären.
Ein Klümpchen Schleim in einem warmen Moor.
Leben und Tod, Befruchten und Gebären
Glitte aus unseren stummen Säften vor.

Ein Algenblatt oder ein Dünenhügel:

Vom Wind geformtes und nach unten schwer.
Schon ein Libellenkopf, ein Möwenflügel
Wäre zu weit und litte schon zu sehr.«[2]

Inspirierend finde ich solche Gesänge, weil sie Entspannung nicht erst
dann suchen, wenn alle Kämpfe gewonnen sind und wir auf der Luftma-
tratze der Sorglosigkeit in der Suppe unserer Großartigkeit schwimmen.[3]
Sie fordern uns vielmehr auf, das Kämpfen auch einfach einmal sein zu
lassen und uns zurufen: »Lasse dich doch versinken / dem nie Endenden
zu.«[4] Es ist eine große Erschlaffung und Müdigkeit in diesen Versen, ein
kurzes Innehalten und Hinabsinken in die feuchte Sumpflande der
Mutter Erde und insofern eine *imitatio matris*, also eine Nachahmung
der Mutter. Es ist ein Verschwinden, das gleichsam total wie vorüberge-
hend ist, wie nach langen Kämpfen, die gleichwohl noch nicht zu Ende
sind. Denn gleich im Anschluss an die Aufforderung, sich in dem nie
Endenden versinken zu lassen und an der weichen Bucht auszustrecken,
wo alles Ufer ist und ewig das Meer ruft, ertönt in Benns Gedicht die
Forderung, dennoch die Schwerter zu halten, vor die Stunde der Welt.
Wenn es ein Bild gibt, das diese regressive Gelassenheit bei gleichzeitiger
Kampfbereitschaft im Körper eines Mannes zeigt, dann ist es vielleicht
der Kriegsgott Mars, wie Diego Velázquez ihn gemalt und wie meine Frau
ihn mir einmal gezeigt hat, als wir im Prado spazieren gingen. Persönlich
verbinde ich solch einhelliges Gammeln vor allem mit meiner Mutter und
den langen Novemberabenden, die wir auf dem Sofa verbrachten, mit
Schokolode, Keksen und Lakritz vor ein oder zwei Western oder was das
Abendprogramm der Öffentlich-Rechtlichen eben hergab.

»Die trunkenen Fluten enden
als Fremdes, nicht dein, nicht mein,
sie lassen dir nichts in Händen
als der Bilder schweigendes Sein.«[5]

Dank

Beim Schreiben dieses Buches haben mich zahlreiche Menschen mit ihren Anregungen, Kommentaren und Hinweisen unterstützt. Es sind Ralf Bönt, Roland Braun, Wolfram Ette, Fabienne Imlinger, Maria Mammen, Jens Poggenpohl, Andreas Reckwitz, Johanna Schumm und Bernhard Waldenfels.

Endnoten

1 Einleitung

1   Hans-Geert Metzger, »Prolog: Vaterimago und realer Vater«, in: Ders, Hg., *Psychoanalyse des Vaters*. *Klinische Erfahrungen mit realen, symbolischen und phantasierten Vätern*, Frankfurt 2008, S. 8–14. Was Metzger hier umreißt, zeigen die im Band vorgestellten Fallstudien in einzelnen Beispielen.

2   Durs Grünbein, »Begrüßung einer Prinzessin«, in: Ders., *Una Storia Vera. Ein Kinderalbum in Versen*, Frankfurt/Main 2002.

3   Etwa Peter Sloterdijk in einem Interview mit Frans Boenders für die Sendung *Fundamenten* im niederländischen Fernsehen am 12. Januar 1987. Ausgeführt ist die therapeutische Funktion der Philosophie vor allem in *Du muss dein Leben ändern. Über Anthropotechnik*, Frankfurt/Main 2009.

4   Das zeigen zum Beispiel die ansonsten äußerst hilfreichen Bücher des Philosophen Dieter Thomä zum Thema, denen ich viele Anregungen für diesen Essay verdanke. Dieter Thomä, »Statt einer Einleitung. Stationen einer Geschichte der Vaterlosigkeit von 1700 bis heute«, in: Ders., Hg., *Vaterlosigkeit. Geschichte und Gegenwart einer fixen Idee*, Berlin 2010, S. 11–64. Ders., *Väter. Eine moderne Heldengeschichte*, München 2008. Im Letzteren ist der präskriptive Teil darüber, wie oder was ein Vater heute sein könnte, wesentlich knapper als der deskriptive Teil darüber, was in den letzten gut 200 Jahren vom und über den Vater gedacht worden ist. Während der historische Teil über 300 Seiten umfasst, gibt es darüber, was der Vater heute sein könnte – ein »Lebenshelfer« – nur 13 Seiten, und auch die bleiben in der Beantwortung der Frage, worin genau die Lebenshilfe des Vaters bestehe und warum sie gerade vom Vater kommen müsse, relativ vage.

5   Zur Hypermaskulinität vgl. Robert W. Connell, *Der gemachte Mann. Konstruktion und Krise von Männlichkeiten*, Opladen 2000, S. 162 ff. Zur toxischen Männlichkeit siehe Robert Bly, *Iron John. A Book About Men*, Reading, MA 1990.

6   Ralf Bönt, *Das enterbte Geschlecht. Ein notwendiges Manifest für den Mann*, München 2012.

7 Zur Behinderung der Emanzipation von Frauen durch ein immer noch domi-
   nantes Bild der (»deutschen« oder aufopferungsvollen) Mutter siehe Barbara
   Vinken. *Die deutsche Mutter. Der lange Schatten eines Mythos*, München 2001.

8 Anna Machin, *The Life of Dad. The Making of a Modern Father*, London u. a.
   2018.

9 Dabei ist die Struktur der Kernfamilie mit der »Führungskoalition« von Vater
   und Mutter ein Muster der funktionalen Binnendifferenzierung von sozialen
   Strukturen. Vgl. Talcott Parsons, *Beiträge zur soziologischen Theorie*, Neuwied
   1964, S. 110 ff. Hans Joachim Schulze, Hartmann Tyrell, Jan Künzler, »Vom
   Strukturfunktionalismus zur Systemtheorie der Familien«, in: Rosemarie Na-
   ve-Herz u. Manfred Markefka, Hg., *Handbuch der Familien- und Jugendfor-
   schung*, Bd. 1: *Familienforschung*, Neuwied 1989, S. 31–43, hier: S. 33.

10 Platon, »Lysis«, in: Ders., *Sämtliche Werke*, Bd. 2: *Lysis, Symposion, Phaidon,
   Politeia, Phaidros*, auf der Grundlage der Bearbeitung v. Walter F. Otto, Ernes-
   to Grassi u. Gert Plamböck neu hg. v. Ursula Wolf, übers. v. Friedrich Schlei-
   ermacher, 33. Aufl., Reinbek bei Hamburg 2011, S. 11–36.

11 Carl Schmitt, *Der Begriff des Politischen. Text von 1932 mit einem Vorwort und
   drei Corollarien*, Berlin 1994, S. 26–27.

12 Vgl. Sarah Blaffer Hrdy, *Mothers and Others*, Camdridge 2011, S. 7 ff.

13 Saul Bellow, *Die Abenteuer des Augie March*, übers. v. Henning Ahrens, Köln
   2008 [im englische Original 1953], S. 10.

14 Zum *group* oder *cooperative breeding*, vgl. Michael Tomasello, *Why we Cooper-
   ate*, Cambridge 2009, S. 83 ff.

15 Zum Begriff »Geschlechterspannung« vgl. Reimut Reiche, *Geschlechterspannung. Eine psychoanalytische Untersuchung*, Frankfurt/Main 1990.

16 Zum Ideal des maximal erfüllten Lebens vgl. Andreas Reckwitz, *Die Ge-
   sellschaft der Singularitäten. Zum Strukturwandel der Moderne*, Berlin 2017,
   S. 285 ff. Und ders., *Die Erfindung der Kreativität. Zum Prozess gesellschaftlicher
   Ästhetisierung*, Berlin 2012. Die Formulierung, das Leben sei eine »Goldmine«,
   die es auszubeuten gelte, ist von Simone de Beauvoir in: Dies., *Der Lauf der
   Dinge*, übers. v. Paul Baudisch, Reinbek bei Hamburg 1966, S. 623.

17 Vgl. Schulze, Tyrell, Künzler, »Vom Strukturfunktionalismus zur Systemtheorie der Familien«, a. a. O. (vgl. Anm. 9), S. 34 ff.

18 Robert Musil, *Der Mann ohne Eigenschaften*, Bd. 1: *Erstes und zweites Buch*, hg.
   v. Adolf Frisé, neu durchgesehene und verbesserte Ausgabe, Reinbek bei Hamburg, 1978 [1943], S. 253. Zum Essay als Seefahrt vgl. den Aphorismus Nr. 343 in
   Friedrich Nietzsches *Die fröhliche Wissenschaft*: »In der That, wir Philosophen
   und ›freien Geister‹ fühlen uns bei der Nachricht, dass der ›alte Gott todt‹ ist,
   wie von einer neuen Morgenröthe angestrahlt; unser Herz strömt dabei über
   von Dankbarkeit, Erstaunen, Ahnung, Erwartung, – endlich erscheint uns der
   Horizont wieder frei, gesetzt selbst, dass er nicht hell ist, endlich dürfen uns-
   re Schiffe wieder auslaufen, auf jede Gefahr hin auslaufen, jedes Wagniss des

Erkennenden ist wieder erlaubt, das Meer, *unser* Meer liegt wieder offen da, vielleicht gab es noch niemals ein so ›offnes Meer‹.« Dass der Essay eine Fahrt ins Offene ist, die erst mit dem Tod des alten Gottes möglich ist, heißt auch, dass er erst nach dem Ende des alten Patriarchats möglich wird, das seine Autorität von Gott als Zentralgestirn bezog. Insofern entspricht meine Textgattung ihrem Gegenstand. Friedrich Nietzsche, »Die fröhliche Wissenschaft. Aphorismus Nr. 343. Was es mit unserer Heiterkeit auf sich hat«, in: Ders., *Sämtliche Werke. Kritische Studienausgabe in 15 Einzelbänden*, Bd. 3: *Morgenröthe, Idyllen aus Messina, Die fröhliche Wissenschaft*, hg. v. Giorgio Colli u. Mazzino Montinari, München 1988, S. 573 f., hier: S. 574. Zum Essay als Gattung des Eigenen und Subjektiven vgl. Wolfram Ette, *Wissenschaft als Abenteuer. Überlegungen zum Essay. Kunstpapiere*, Nr. 8, hg. v. Björn Vedder, Freising 2020.

2 Die Abwesenheit des Vaters

1 Christian Wolff, *Gesammelte Werke*, 1. Abt., Bd. 5: *Vernünftige Gedanken von dem gesellschaftlichen Leben der Menschen und insonderheit dem gemeinen Wesen* [1721], hg. v. Hans Werner Arndt, Hildesheim 1975, 200 ff.

2 Robert Filmer, ›*Patriarcha*‹ *and Other Writings*, Cambridge 1991 [1680], S. 1 ff., zit. n. Thomä, »Statt einer Einleitung«, a. a. O. (vgl. Anm. Kap. 1/4), S. 13.

3 Alexander Mitscherlich, *Auf dem Weg zur vaterlosen Gesellschaft. Ideen zur Sozialpsychologie*, München 1973, S. 175.

4 Im Original: »lieber sun, nû men dû mir / oder hab die phluoc, sô men ich dir / und bûwe wir die huobe; / sô kumst du in dîne groube / mit guoten êren alsam ich«. Wernher der Gärtner, *Helmbrecht*, Mittelhochdeutsch/Neuhochdeutsch, hg. v. Karl-Heinz Göttert, Stuttgart 2018, Verse 247–251, hier: S. 23.

5 Im Original ist zu lesen: »dîn ordenunge ist der phluoc«, ebd., Vers 291, Göttert übersetzt mit »Deine Bestimmung ist der Pflug«, aber ich finde zusammen mit Peter v. Matt, dass »Ordnung« es hier besser trifft, weil sich die Bestimmung des Sohnes aus der Ordnung ergibt, die der Vater vertritt. Peter v. Matt, *Verkommene Söhne, missratene Töchter. Familiendesaster in der Literatur*, 3. Aufl., München 2001 S. 61. V. Matts Studie verdanke ich einige Impulse.

6 Walter Lippmann, *Drift and Mastery. An Attempt to Diagnose the Current Unrest*, Englewood Cliffs 1961 [1914], 111 f. (Übersetzung von Thomä in: Ders., »Statt einer Einleitung«, a. a. O. (vgl. Anm. Kap. 1/4), S. 41.

7 Anthony Ashley Shaftesbury, »Ein Brief über den Enthusiasmus an Mylord ***« [1707], in: Ders., *Der gesellige Enthusiast. Philosophische Essays*, hg. v. Karl-Heinz Schwabe, übers. v. Ludwig Heinrich Hölty u. Johann Lorenz Benzler, München, 1990, S. 7–40, hier: S. 31.

8 »Denn was die Körperstärke betrifft, so ist der Schwächste stark genug den Stärksten zu töten – entweder durch Hinterlist oder durch ein Bündnis mit

anderen, die sich in derselben Gefahr wie er selbst befinden.« Thomas Hobbes, *Leviathan oder Stoff, Form und Gewalt eines kirchlichen und staatlichen Gemeinwesens*, hg. u. eingel. von Iring Fetcher, übers. v. Walter Euchner, Frankfurt/Main 1966, S. 94 (Kapitel 13). »The weakest has strength enough to kill the strongest, either by secret machination, or by confederacy with others, that are in the same danger with himself.« Thomas Hobbes, *Leviathan, or The Matter, Forme, and Power of a Common-Wealth Ecclesiasticall and Civil*, hg. v. Crawford Brough Macpherson, London u. a. 1985 [1651], S. 183.

9   Max Horkheimer, »Autorität und Familie in der Gegenwart« [1947/49], in: Ders., *Gesammelte Schriften*, Bd. 5, Frankfurt/Main 1987, S. 377–395, hier: S. 379 f.

10   Vgl. dazu die Analyse des modernen Menschen als einem vaterlosen Gesellen und die Kulmination dieser Entwicklung in der Philosophie Max Stirners bei Peter Sloterdijk, *Die schrecklichen Kinder der Neuzeit. Über das antigenealogische Experiment der Moderne*, Berlin 2014, insbes. S. 31 ff., 454 ff.

11   David Hume, »Of the Original Contract«, in: Ders., *Essays: Moral, Political and Literary*, hg. v. Eugene F. Miller, Indianapolis 1985, S. 465–487, hier: S. 476.

12   Vgl. das Vorwort von Chuck Palahniuk zur Taschenbuchausgabe seines Romans, die nach dem Film erschienen ist. Ders., »Es war einmal ein Buch«, in: Ders., *Fight Club*, übers. v. Fred Kinzel, Vorwort übers. v. Werner Schmitz, 5. Aufl., München 2004, S. 7–18, hier: S. 8 ff.

13   Palahniuk, *Fight Club*, a. a. O. (vgl. Anm. 12), S. 254.

14   Ebd., S. 65 f.

15   Klaus Theweleit, *Männerphantasien*, Bd. 2: *Männerkörper. Zur Psychologie des weißen Terrors*, Frankfurt/Main 1978, S. 246.

16   Diese Zusammenfassung von Theweleits Argumentation entnehme ich Wolfram Ette, *Das eigensinnige Kind. Über unterdrückten Widerstand und die Formen ungelebten Lebens – ein gesellschaftspolitischer Essay*, Marburg 2019, S. 73.

17   »Raskolnikow«, »Zugabe II«, in: Jack Donovan, *Der Weg der Männer*, übers. u. m. einer Zugabe versehen v. Martin Lichtmesz, m. einer weiteren Zugabe von »Raskolnikow«, Schnellroda 2016, S. 217–229, hier: S. 226.

18   Theodor W. Adorno, »Tough Baby«, in: Ders., *Minima Moralia. Notizen aus dem beschädigten Leben*, 23. Aufl., Frankfurt/Main 1997, S. 51–53.

19   Trump über seinen Vater: »We had a relationship, that was almost businesslike.« Trumps Ghostwriter Tony Schwartz: »To survive, Trump felt compelled to go to war with the world. It was a binary, zero-sum choice for him. You either dominated or you submitted. You either created and exploited fear, or you succumbed to it, as he thought his older brother had. This narrow, defensive outlook took hold at a very early age, and it never evolved.« Zit. n. David Shields, *Nobody hates Trump more than Trump. An Intervention*, New York 2018, S. 39. Meine Übersetzung. Meine Einfügung in den eckigen Klammern bezieht sich auf Shields, *Nobody hates Trump more than Trump*, a. a. O., S. 41.

20 Niklas Luhman, *Die Wirtschaft der Gesellschaft*, Berlin 2015, S. 241 ff.

21 Vgl. zum Beispiel die klinische Analyse der Figuren durch Glenn Sullivan, in
    Ders., »The Psychopathology of ›Silver Linings Playbook‹. Who is the most
    psychologically disturbed character in this movie?«, *psychologytoday.com*,
    23. Dezember 2018. Die Einschlägigkeit von *Silver Linings Playbook*, so der
    englische Originaltitel von Russells Film, als Illustration der Borderline-Stö-
    rung zeigt auch ein Lehrbuch für Pflegekräfte der Psychatrie: Mary C. Town-
    send, Karyn I. Morgan, *Pocket Guide to Psychiatric Nursing*, 10. Aufl., Philadel-
    phia 2018, S. 300.

22 Elias Canetti, *Masse und Macht*, Hamburg 1960, S. 253.

23 Elias Canetti, *Die gerettete Zunge. Geschichte einer Jugend*, München 1977, S. 86.

24 Canetti, *Masse und Macht*, a. a. O. (vgl. Anm. 22), S. 252.

25 Ebd.

26 Jacques Audiard, *The Sisters Brothers*, Why Not Productions u. a. 2018.

27 Machin, *The Life of Dad*, a. a. O. (vgl. Anm. Kap. 1/8). Dies., »Wie Frauen
    verändern sich auch die Männer durch die Geburt biologisch«, Interview mit
    Lorenz Wagner, *Süddeutsche Zeitung Magazin*, 14. März 2019.

28 Horst Petri, »Die Bedeutung des Vaters«, in: *Familienhandbuch*, hg. v. Staats-
    institut für Frühpädagogik, online verfügbar: https://www.familienhandbuch.
    de/familie-leben/familienformen/muetter-vaeter/diebedeutungdesvaters.php,
    zuletzt abgerufen am 8. Januar 2020.

29 Peter Sloterdijk, *Die schrecklichen Kinder der Neuzeit*, a. a. O. (vgl. Anm. 10),
    S. 243. Sloterdijk bezieht sich hier auf den Zusammenhang von »Sittlichkeit
    und Verdummung«, den Nietzsche ausarbeitet: »*Sittlichkeit und Verdum-
    mung*. – Die Sitte repräsentiert die Erfahrungen früherer Menschen über das
    vermeintlich Nützliche und Schädliche, – aber *das Gefühl für die Sitte* (Sittlich-
    keit) bezieht sich nicht auf jene Erfahrungen als solche, sondern auf das Alter,
    die Heiligkeit, die Indiskutabilität der Sitte. Und damit wirkt dies Gefühl dem
    entgegen, daß man neue Erfahrungen macht und die Sitten korrigiert: das
    heißt, die Sittlichkeit wirkt der Entstehung neuer und besserer Sitten entgegen:
    sie verdummt.« Friedrich Nietzsche, »Sittlichkeit und Verdummung. Morgen-
    röthe Aphorismus 19«, in: Ders., *Sämtliche Werke*. a. a. O. (vgl. Anm. Kap. 1/18),
    S. 32.

30 Norbert Bolz, *Die Helden der Familie*, München 2006.

31 Immanuel Kant, *Metaphysik der Sitten* [1797], BA 106 ff.

32 Donovan, *Der Weg der Männer*, a. a. O. (vgl. Anm. 17), S. 20.

33 Svenja Flaßpöhler, Florian Werner, *Zur Welt kommen. Elternschaft als philoso-
    phisches Abenteuer*, 2. Aufl., München 2019, S. 36 ff., S. 85.

34 Giuseppe Tomasi di Lampedusa, *Der Leopard*, übers. v. Charlotte Birnbaum,
    München 1975 [posthum 1956], S. 7.

35 David Shields, *The Trouble with Men. Reflections on Sex, Love, Marriage, Porn,
    and Power*, Columbus 2019. Bezeichnenderweise sieht Bolz die Formel Eins,

den Sport und dergleichen positiv als Reservate oder »Naturschutzparks der Männlichkeit«. In diesen »ewigen Jagdgründen« könnten die Männer sentimentalische Blicke auf das werfen, was sie im Zuge ihrer Zivilisation vulgo Feminisierung verloren haben. Bolz, *Helden der Familie*, a. a. O. (vgl. Anm. 30), S. 88 ff. Auf die moderne Zivilisation als Feminisierung der Männer oder überhaupt als Austreibung des Männlichen aus dem Menschen vgl. Christoph Kucklick, *Zur Geburt der negativen Andrologie*, Frankfurt/Main 2008, S. 26 ff.

36   Die Rede von Kultur, Moralen und überhaupt Institutionen als »Korsett« geht meines Wissens auf Arnold Gehlen zurück, prägnant formuliert von ihm zum Beispiel im Streitgespräch mit Theodor W. Adorno, vgl. »Freiheit und Institution – Ein Soziologisches Streitgespräch zwischen Arnold Gehlen und Theodor W. Adorno«, moderiert v. Alexander von Cube, WDR, 3. Juni 1967.

37   Pierre Legendre, *Das Verbrechen des Gefreiten Lortie. Versuch über den Vater*, Neuausgabe, übers. v. Clemens Pornschlegel, Freiburg i. Breisgau 1998, S. 35.

38   Jacques Lacan, »Funktion und Feld des Sprechens und der Sprache in der Psychoanalyse« [1956], in: Ders., *Schriften I*, ausgew. u. hg. v. Norbert Haas, übers. v. Rodolphe Gasché, Norbert Haas, Peter Stehlin u. Klaus Laermann unter Mitw. v. Chantal Creusot, Olten u. Freiburg im Breisgau 1973, S. 117–120.

39   Legendre, *Das Verbrechen des Gefreiten Lortie*, a. a. O. (vgl. Anm. 37), S. 35 ff.

3 Der Vater, eine Rolle auf der familiären Bühne

1   Das ist der »Kerngedanke« von Bernhard Waldenfels, *Antwortregister*, Frankfurt/Main 1994, wie Waldenfels selbst sagt, in: Ders., »Der singuläre Blick im Plural«, in: Roland Fischer, *Tel Aviv. Israeli Collective Portrait*, hg. v. Björn Vedder, München 2016, S. 170–178, hier: S. 176.

2   Herzensordnung meint die Ausdifferenzierung dessen, was wir lieben. Sie rückt das, was uns wichtig ist, in ein Verhältnis der Nähe und Ferne. Der Begriff findet sich in Augustinus' *Vom Gottesstaat* [413–426]: »Denn auch die Liebe selbst, mit der gut geliebt wird, was geliebt werden soll, muß in rechter Ordnung geliebt werden, auf daß die Tugend in uns sei, mit der gut gelebt wird. Daher erscheint mir die Ordnung der Liebe als die kürzeste und wahrste Definition der Tugend. Deshalb singt die Braut Christi, der Gottesstaat, im heiligen Hohenlied: »Ordnet in mir die Liebe«.« Aurelius Augustinus, *Der Gottesstaat. De civitate dei*, hg. v. Carl Johann Perl, Bd. 2, Paderborn u. a. 1979. S. 73. Allerdings versteht Augustinus den *ordo amoris* jedoch objektiv, nämlich als Rangordnung der verschiedenen Lieben, die wir verspüren können, als Begehren, als Nächstenliebe und als Gottesliebe, wobei seiner Auffassung nach jede Liebe, die nicht Gott gilt, falsche, verirrte Liebe ist. Bei Max Scheler wird der aristotelische *ordo amoris* subjektiviert. Mein Verständnis orientiert sich an der mittleren Position von Spaemann, vgl. Robert Spaemann, *Glück und*

Wohlwollen. Versuch über Ethik, Stuttgart 1989, S. 141 ff. Zum Verhältnis der *ordinibus amoribus* bei Augustinus, Scheler und Spaemann vgl. Ute Kruse-Ebeling, *Liebe und Ethik. Eine Verhältnisbestimmung ausgehend von Max Scheler und Robert Spaemann*, Göttingen 2009.

3   Jean-Jacques Rousseau, *Emile oder Über die Erziehung*, hg., eingel. u. m. Anmerkungen versehen v. Martin Rang, übers. v. Eleonore Sckommodau unter Mitarb. d. Hg., Stuttgart 1993 [im französischen Original 1762], S. 131 f.

4   Vgl. zum deutschen und französischen Recht heute Edda E. Pauli, *Der sogenannte biologische Vater*, Tübingen 2016, S. 161 ff.

5   Erving Goffman, *Wir alle spielen Theater. Selbstdarstellung im Alltag*, übers. v. Peter Weber-Schäfer u. m. einem Vorw. v. Ralf Dahrendorf, 14. Aufl., München 2014 [1959, im englischen Original 1956], S. 80.

4 Der Vater als Stellvertreter

1   Bernhard Waldenfels, *Sozialität und Alterität. Modi sozialer Erfahrung*, Berlin 2015, S. 182 f.

2   Theodor Fontane, »Effi Briest« [1894 f.], in: Ders., *Romane und Gedichte*, m. einem Nachw. v. Rudolf Pechel, München 1954, S. 593–815, hier: S. 784.

3   Theodor Fontane, *Romane und Erzählungen in 8 Bänden*, hg. v . Peter Goldhammer, Gotthard Erler, Anita Golz u. Jürgen Jahn, Bd. 7: *Die Poggenpuhls*, 2. Auflage, Berlin und Weimar 1973, S. 311–416, hier: S. 362 f.

4   v. Matt, *Verkommene Söhne, missratene Töchter*, a. a. O. (vgl. Anm. Kap. 2/5), S. 253 ff.

5   Wernher der Gärtner, *Helmbrecht*, a. a. O. (vgl. Anm. Kap. 2/4), Verse 268–277, S. 25.

6   Ebd.

7   Vgl. Anm. Kap. 2/5.

8   Im Original: »swie halt mir mîn dinc ergê / ich wil dem phlouge widersagen«, ebd., Verse 570 f.

9   Ebd., Verse 620–634.

10 Im Original: »Wê daz dich muoter getruoc!«, ebd., Verse 466, 516.

11 Ebd., Verse 1794 f.

12 Ebd., Verse 1743, 1775 f.

13 Livius, *Ab urbe condita*, Buch 2, Kap. 3.

14 Selbstredend gibt es gerade in der Aufklärung auch eine Gegenbewegung, etwa in ihrer Kritik am polternden Hausvater als dem kleinen Patriarchen, wie sie zum Beispiel das bürgerliche Trauerspiel vorführt oder in den pädagogischen Traktaten der Zeit, die den liebenden Vater hervorheben. Bei Rousseau geht das so weit, dass der Vater sich ganz dem Entwicklungsstand des Kindes anpassen muss, um sich dessen Liebe zu erwerben – und nicht mehr das Kind

sich andersherum vor dem sittenstrengen Hausvater beweisen und sich dessen Liebe durch Tugendhaftigkeit und Moralität verdienen muss. Beides sind freilich Positionen, in denen sich die väterliche Person beinah selbst auslöscht.

15   Immanuel Kant, *Grundlegung der Metaphysik der Sitten*, BA 9, 10 ff., BA 14.

16   Margot Käßmann, *Die Bibel für Kinder*, Neuausgabe, Freiburg u. a. 2017, S. 14 f.

17   Jacques Derrida, *Gesetzeskraft. Der »mystische Grund der Autorität«*, übers. v. Alexander García Düttmann, Frankfurt/Main 1991, S. 47.

18   Im Original: »le fondement mystique de leur autorité«, Michel de Montaigne, »De l'expérience«, in: Ders., *Les Essais*, hg. v. Denis Bjaï, Bénédicte Boudou, Jean Céard u. Isabelle Pantin, Paris 2001 [1580], S. 1654–1740, hier: S. 1669. Vgl. dazu Derrida, *Gesetzeskraft*, a. a. O. (vgl. Anm. 17), S. 24.

19   Homer, *Ilias*, 8. Gesang, Verse 18–26. Auf dieses Bild greift auch der englische Klassizist Alexander Pope zurück, wenn er die kosmologische Ordnung, die die Könige und Patriarchen alten Schlages bewahren, als »vast chain of being« bezeichnet.

20   Sören Kierkegaard, *Der Begriff der Angst*, übers. v. Gisela Perlet, mit einem Nachwort von Uta Eichler, Stuttgart 1992 [im dänischen Original 1844], S. 50.

21   Martin Heidegger, »Was ist Metaphysik«, in: Ders., *Wegmarken*, Frankfurt/Main, 3. Auflage, 1996, S. 103–122, hier: 122.

22   Vgl. dazu Lars Bullmann, »Mein halbes Jahr: ›Literatur‹. Emil Angehrn – Klaus Heinrich – Franz Kafka – Johann Peter Hebel«, *Polar #21: Gegen die Angst*, online verfügbar: http://www.polar-zeitschrift.de/polar_21.php, zuletzt abgerufen am 9. Januar 2020.

23   Johann Peter Hebel, »Nützliche Lehren«, in: Ders., *Schatzkästlein des rheinischen Hausfreundes. Kritische Gesamtausgabe mit den Kalender-Holzschnitten*, hg. v. Winfried Theiss, Stuttgart 1999 [1811], S. 105.

5 Tugend und Verzicht

1   »Denn der Ackerbau und jede Vorsicht und Beobachtung dabei ist gewiß nicht auf einmal so erfunden worden, wie er jetzt ist, sondern eben unsere Väter und Vorväter haben lange und vielerlei versucht, und guten Rat nicht verachtet.« Hebel, »Nützliche Lehren«, a. a. O. (vgl. Anm. Kap. 4/23), S. 105.

2   So schreibt Burke über den Vorzug der monarchischen, also tradierten Regierung gegenüber der Regierung durch unerfahrene Demokraten: »Die Wissenschaft, einen Staat zu bauen oder wiederherzustellen oder zu verbessern, kann wie jede andere Erfahrungswissenschaft a priori nicht gelehrt werden; und die Erfahrung, die uns in dieser bloß praktischen Wissenschaft unterrichten soll, darf keine kurze Erfahrung sein.« Edmund Burke, *Betrachtungen über die Französische Revolution*, übers. v. Friedrich von Gentz, hg. v. Ulrich Frank-Planitz, Zürich 1986 [im englischen Original 1790], S. 134.

3   Dieter Thomä, *Väter*, a. a. O. (vgl. Anm. Kap. 1/4), S. 326 f.

4   Aristoteles, *Nikomachische Ethik*, hg. auf Grundlage d. Übers. v. Eugen Rolfes
     v. Günther Bien, 4. durchges. Aufl., Hamburg 1985.

5   Wilhelm Busch, »Die fromme Helene« [1872], in: *Wilhelm Busch Album mit
     1 509 Bildern*, Bd. 1, Zürich 1949, S. 3–44, hier: S. 44.

6   Joseph Alois Schumpeter, *Kapitalismus, Sozialismus und Demokratie*, 9., durch-
     ges. Auflage, Tübingen 2018 [im englischen Original 1942], S. 217 f.

7   Bolz, *Die Helden der Familie*, a. a. O. (vgl. Anm. Kap. 2/30), S. 57.

8   Vgl. Reckwitz, *Die Gesellschaft der Singularitäten*, a. a. O. (vgl. Anm. Kap. 1/16),
     S. 119 ff.

9   Albert Camus, *Der Mythos von Sisyphos. Ein Versuch über das Absurde*, übers. u.
     m. einem Nachw. v. Vincent von Wroblewsky, 3. Aufl., Reinbek bei Hamburg
     2001 [1947], S. 38. Die Wendung »Don Juan der Erkenntnis« ist von Fried-
     rich Nietzsche, von dem auch die Erläuterung stammt: »Der Don Juan der
     Erkenntnis […] Ihm fehlt die Liebe zu Dingen, welche er erkennt, aber er
     hat Geist, Kitzel und Genuss an Jagd und Intrigen der Erkenntnis.« Friedrich
     Nieztsche, »Eine Fabel. Morgenröthe Aphorismus 327«, in: Ders., *Sämtliche
     Werke*, Bd. 3, a. a. O. (vgl. Anm. Kap. 1/18), S. 232 f., hier: 232.

10   So Kierkegaard in *Entweder-Oder*. Vom Unterschied zwischen Lieben und Ver-
     liebtsein handelt das Kapitel »Die ästhetische Gültigkeit der Ehe«, von der Po-
     etisierung des Lebens das Kapitel »Das Tagebuch des Verführers«. Sören Kier-
     kegaard, *Entweder-Oder. Teil I und II*, unter Mitwirkung v. Niels Thulstrup u.
     d. Kopenhagener Kierkegaard-Gesellschaft hg. v. Hermann Diem u. Walter
     Rest, übers. v. Heinrich Fauteck, Vollständige Ausgabe, 5. Auflage, München
     1998 [im dänischen Original 1843], S. 529 ff. und S. 351 ff. 529 ff.

11   Friedrich Nietzsche, »Die fröhliche Wissenschaft. Aphorismus 341. Das
     grösste Schwergewicht.«, in: Ders. *Sämtliche Werke*, Bd. 3, a. a. O. (vgl. Anm.
     Kap. 1/18), S. 570.

12   Kierkegaard, *Entweder-Oder*, a. a. O. (vgl. Anm. 11), S. 331 ff. Jean Paul Sarte,
     Der Ekel, übers. v. Uli Aumüller, Reinbek bei Hamburg 1982 [im französischen
     Original 1938], S. 207.

13   Spaemann, *Glück und Wohlwollen*, a. a. O. (vgl. Anm. Kap. 3/2), S. 110 f.

14   Kierkegaard, *Entweder-Oder*, a. a. O. (vgl. Anm. 11), S. 530 f.

15   Vgl. dazu etwas den mittlerweile klassischen Text über *regretting motherhood*
     von Rachel Cusk, *Lebenswerk. Über das Mutterwerden*, übers. v. Eva Bonné,
     Berlin 2019, S. 153 f. »Ich konnte nicht mehr ausschlafen oder einen Film an-
     sehen, ich konnte keinen Samstagmorgen mit Lesen verbringen, durfte nicht
     mehr ziellos durch warme Sommerabende schlendern, schwimmen gehen oder
     im Pub etwas trinken. Der Verlust dieser Freiheiten erschien mir wie ein exor-
     bitant hoher Preis für das Privileg der Mutterschaft, und obwohl ich durch
     meine Tochter viel zurückerhielt, war es keine Bezahlung in derselben oder
     irgendeiner anderen Münze; ehrlich gesagt, war es gar keine Entschädigung.

Mein Verlust und mein Gewinn standen in keinerlei Verhältnis, und alle Berechnungen fanden ohne das Ziel eines endgültigen, letztmaligen Ausgleichs statt.« Diese Verzweiflung wird erst dadurch gelindert, dass Cusk die Entscheidung für ihre Tochter auch als absolute Entscheidung begreift, die jedoch nur für einen gewissen Zeitraum gilt.

16   Sören Kierkegaard, »Die Krankheit zum Tode« [im dänischen Original 1849], in: Ders., *Gesammelte Werke und Tagebücher*, Bd. 17: *Die Krankheit zum Tode, Der Hohepriester – der Zöllner – die Sünderin*, übers. v. Emanuel Hirsch, Simmerat 2004, S. 1–134, hier: S. 32, 37.

17   Steffen Mörser, »Papa, warum arbeitest du immer?«, *Zeit online*, 6. Juni 2019, https://www.zeit.de/arbeit/2019-04/vereinbarkeit-familie-beruf-vaeter-famili enversorgung-verantwortung, zuletzt abgerufen am 9. Januar 2020.

18   Der Soziologe Andreas Reckwitz beschreibt das als Ästhetisierung und Singularisierung des Lebens, Reckwitz, *Die Gesellschaft der Singularitäten*, a. a. O. (vgl. Anm. Kap. 1/16), S. 285 ff.

19   Franz-Xaver Kaufmann »Strukturwandel der Familie. Eine soziollologische Analyse«, in: Tilman Meyer (Hg.), *Bevölkerung – Familie – Staat. Kontexte und sozialwissenschaftliche Grundlagen von Familienpolitik*, Wiesbaden 2019, S. 133–145.

20   »Selbst bei einer vergleichsweise vorsichtigen Bewertung beträgt der Wert der unbezahlten Arbeit etwa ein Drittel der im Bruttoinlandsprodukt ausgewiesenen Bruttowertschöpfung.« Norbert Schwarz, Florian Schwahn, »Entwicklung der unbezahlten Arbeit privater Haushalte. Bewertung und Vergleich mit gesamtwirtschaftlichen Größen«, *WISTA*, Nr. 2, 2016, S. 35–51, hier: S. 31. Das BIP betrug 2018 in Deutschland 3 344 Milliarden Euro. Die Betreuung von Kindern nimmt unter den unbezahlten Arbeitsstunden im Haushalt den größten Posten ein, vgl. ebd., S. 39. Die Aufwendungen für Kinder- und Erziehungsgeld, zwei wichtige Entschädigungen, betrugen im selben Zeitraum etwa 43 Milliarden Euro. Das sind knapp 0,5 Prozent vom Wert der insgesamt geleisteten Pflegearbeit.

21   Klassisch: Gisela Bock und Barbara Duden, »Arbeit aus Liebe – Liebe als Arbeit. Zur Entstehung der Hausarbeit im Kapitalismus«, in: *Frauen und Wissenschaft. Beiträge zur Berliner Sommeruniversität für Frauen Juli 1976*, Berlin 1977, S. 118–199. Aktualisiert in: Barbara Duden, »Arbeit aus Liebe – Liebe als Arbeit. Ein Rückblick«, in: *Olympe*, H. 30 (Dezember 2009), S. 16–26.

22   Warum auch die sogenannte Beteiligungsgerechtigkeit diejenigen bevorteilt, die auf den höheren Positionen sitzen, zeigt Andrew Sayer, *Warum wir uns die Reichen nicht leisten können*, übers. v. Stefan Lorenzer, München 2017, S. 180 ff. Vgl. dazu der Verfasser, *Reicher Pöbel. Über die Monster des Kapitalimus*, Marburg 2018, S. 113 ff.

23   Zu den gestiegenen Anforderungen an Selbstkontrolle und Selbstmodellierung, die insbesondere an die Mitglieder der neuen bürgerlichen und tonan-

gebenden Klassen gestellt werden, vgl. Cornelia Koppetsch, *Die Gesellschaft des Zorns. Rechtspopulismus im globalen Zeitalter*, Bielefeld 2019, S. 215 ff. Dies sind Opportunitätskosten für den Klassenerhalt. Ältere Studien sprechen von der Müdigkeit, man selbst zu sein, oder der Erschöpfung, die es kostet, den Anspruch auf Selbstverwirklichung unter erschwerten Bedingungen aufrecht-zuerhalten. Alain Ehrenberg, *Das erschöpfte Selbst. Depression und Gesellschaft in der Gegenwart*, 6. Aufl., Frankfurt/Main 2008. Byung-Chul Han, *Müdig-keitsgesellschaft*, 7. Aufl., Berlin 2012. Eva Illouz, *Gefühle in Zeiten des Kapitalismus. Frankfurter Adorno Vorlesung 2004*, Frankfurt/Main 2007. Erschwerend kommt hinzu, dass wir uns von dieser Erschöpfung nicht mehr bei sieben oder acht Gin Tonic am Abend erholen können, wie das anscheinend früher der Fall war. So beschreibt es zumindest der Schriftsteller Donald Barthelme in seiner »Critique de la Vie Quotidienne«, einer Erzählung, die am 17. Juli 1971 im *New Yorker* erschien. Eine Übersetzung findet sich hier: Donald Barthelme, »Critique de la vie quotidienne«, in: Ders., *Der Kopfsprung. Erzählungen*, hg. und übers. v. einer Übersetzergruppe am Englischen Institut der Universität München (Endredaktion: Christina Enzensberger) u. v. Marianne Frisch, Stuttgart 1985, S. 6–17.

24 Adam Smith, *Theorie der ethischen Gefühle*, auf Grundlage d. Übers. v. Walther Eckstein neu hg. v. Horst D. Brandt, Hamburg 2010 [im englischen Original 1759], S. 382 f.

25 Bönt, *Das entehrte Geschlecht*, a. a. O. (vgl. Anm. Kap. 1/16).

26 Honoré de Balzac, »Vater Goriot« [1834/1835], in: Ders., *Vetter Pons, Vater Goriot, Gobseck*, übers. v. Hans Kauders (*Vetter Pons*), Siever Johann Meyer-Berghaus/Fritz Montfort (*Vater Goriot*) u. Walter Widmer (*Gobseck*), München 1976, S. 362–652, hier: S. 631 f.

27 Aristoteles, *Politik*, übers. u. m. erklärenden Anm. u. Reg. versehen v. Eugen Rolfes, Hamburg 1958, S. 21. Hervorhebung von mir.

28 Lady Gaga, *Born This Way*, Interscope 2011.

29 Simone de Beauvoir, *Der Lauf der Dinge*, a. a. O. (vgl. Anm. Kap. 1/16), S. 622 f.

30 Ebd., S. 623.

31 Friedrich Hölderlin, »Hälfte des Lebens« [1804], in: Ders., *Sämtliche Werke/Große Stuttgarter Ausgabe*, hg. v. Friedrich Beißner, Bd. 2, Stuttgart 1951, S. 117.

32 Im Original: »Le but de notre carrière, c'est la mort«, Michel de Montaigne, »Philosopher, c'est apprendre à mourir«, in: Ders., *Essais*, a. a. O. (vgl. Anm. Kap. 4/18), S. 124–145, hier: S. 128. Übersetzung von Hans Stillet, Michel de Montaigne, »Philosophieren heißt sterben lernen«, in: Ders., *Essais*, Zürich 1953 [1580], S. 141.

33 Martin Heidegger, *Sein und Zeit*, 18. Aufl., Tübingen 2001, S. 305.

34 Michael Theunissen, *Negative Theologie der Zeit*, 2. Aufl., Frankfurt/Main 1992, S. 208.

6 Mama activa oder es lebe das Matriarchat

1 Hannah Arendt, *Vita activa oder vom tätigen Leben*, ungekürzte Taschenbuchausgabe, 11. Aufl., München, Zürich 1999 [im englischen Original 1958], S. 224.

2 Jürgen Habermas, *Strukturwandel der Öffentlichkeit. Untersuchungen zu einer Kategorie der bürgerlichen Gesellschaft*, Berlin 1962.

3 Arendt, *Vita activa*, a. a. O. (vgl. Anm. 1), S. 18.

4 Peter Sloterdijk, *Scheintod im Denken. Von Philosophie und Wissenschaft als Übung. Unseld Lecture Tübingen 2009*, Berlin 2010, S. 81 Fußnote.

5 Vgl. Kimberly Maslin, »The Gender-Neutral Feminism of Hannah Arendt«, in: *Hypatia*, 28. Jg., H. 3 (Sommer 2013), S. 585–601. Mary O›Brien, *The Politics of Reproduction*, Boston 1981. Seyla Benhabib, »Hannah Arendt und die erlösende Kraft des Erzählens«, in: Dan Diner (Hg.), *Zivilisationsbruch. Denken nach Auschwitz*, Frankfurt/Main 1988, S. 150–174. Rahel Jaeggi, *Wie weiter mit Hannah Arendt?*, Hamburg 2008. Hanna Fenichel Pitkin, »Conformism, Housekeeping, and the Attack of the Blob: The Origins of Hannah Arendt's Concept of the Social«, in: Bonnie Honig (Hg.), *Feminist interpretations of Hannah Arendt*, University Park 1995, S. 52–82.

6 Zit. n. Marie Schmidt, »Im goldenen Matriarchat«, *Die Zeit*, Nr. 14/2017.

7 Platon, »Phaidon«, in: Ders., *Sämtliche Werke*, Bd. 2, a. a. O. (vgl. Anm. Kap.1/10), S. 103–184, hier: S. 118 (*Phaidon* 65a, 64c–e).

8 Sloterdijk, *Scheintod im Denken*, a. a. O. (vgl. Anm. Kap. 6/4).

7 Von der Mutter lernen wir zu leben, vom Vater zu sterben

1 Knut Hamsun, *Hunger*, übers. v. Siegfried Weibel, m. einem Nachw. v. Daniel Kehlmann, Berlin 2011 [im norwegischen Original 1890], S. 33.

2 Melanie Klein, »Neid und Dankbarkeit«, in: *Psyche – Zeitschrift für Psychoanalyse*, übers. v. Marlisbeth v. Niederhoeffer, 11. Jg., H. 5, 1957, S. 241–255.

3 Theunissen, *Negative Theologie der Zeit*, a. a. O. (vgl. Anm. Kap. 5/34), S. 207 ff.

4 Friedrich Nietzsche, »Ecce Homo« [1888–89], in: Ders., *Sämtliche Werke. Kritische Studienausgabe in 15 Bänden*, Bd. 6: *Der Fall Wagner, Götzen-Dämmerung, Der Anti-Christ, Ecce homo, Dionysos-Dithyramben, Nieztsche contra Wagner*, hg. v. Giorgio Colli u. Mazzino Montinari, Neuausgabe 1999, 8. Aufl., München 2008, S. 255–374, hier: S. 313.

5 Ovid, *Metamorphosen*, übers. v. Erich Rösch, m. einer Einf. v. Niklas Holzberg, München 1997, S. 383 (15. Buch, Verse 181 ff.).

6 »Like as the waves make towards the pebbled shore / So so our minutes hasten

to their end«, William Shakespeare, »Sonett 60«, in: Ders., *The Works of William Shakespeare*, hg. v. Charles Knox Pooler, London 1918, S. 62.

7 Friedrich Nietzsche, »Menschliches, Allzumenschliches II. Der große Stil«, in: Ders., *Sämtliche Werke. Kritische Studienausgabe in 15 Bänden*, Bd. 2: *Menschliches, Allzumenschliches I und II*, hg. v. Giorgio Colli und Mazzino Montinari, 2. durchges. Aufl., München 1988 [1886], S. 367–704, hier: S. 596.

8 Karl Heinz Bohrer, »Einsame Klassizität. Goethes Stil als Vorschein einer anderen Moderne«, in: *Merkur. Zeitschrift für europäisches Denken*, 53. Jg., H. 602, 1999, S. 493–507, hier: S. 497, 499.

9 Friedrich Schiller, »Nänie« [vermutlich 1799], in: Ders., *Sämtliche Werke in fünf Bänden*, Bd. 1: *Gedichte, Dramen I*, hg. v. Peter-André Alt, Albert Meier u. Wolfgang Riedel, München 2004, S. 242.

10 Karl Heinz Bohrer., *Der Abschied. Theorie der Trauer: Baudelaire, Goethe, Nietzsche, Benjamin*, m. einem neuen Vorw., Berlin 2014, S. 9.

11 Zum 911er Porsche vgl. etwa den Instagram-Account des Autors Micky Beisenherz *@mickybeisenherzoffiziell*, zu den Budapestern im Sandkasten vgl. das Vaterbuch des ehemaligen *Penthouse*-Herausgebers Kurt Molzer, *Früher ... war ich ein richtiger Ficker. Vom Penthouse-Chef zum Vorzeige-Papa*, Köln 2011, zum verbilligten Dandytum, das man sich einfach anziehen kann, vgl. etwa die Serie »New Masculinity« der Zeitschrift *GQ* aus dem Jahr 2019 und darin insbesondere die Reihe »Neue Väterfiguren«.

12 Ernst Jünger, »Das erste Pariser Tagebuch«, in: Ders., *Auswahl aus dem Werk in fünf Bänden*, Bd. 2: *Das erste Pariser Tagebuch. Kaukasische Aufzeichnungen. Das zweite Pariser Tagebuch*, Stuttgart 1994, S. 7–188, hier: S. 26.

13 Ernst Jünger, »Das zweite Pariser Tagebuch«, in: Ders., *Auswahl aus dem Werk in fünf Bänden*, Bd. 2, a. a. O. (vgl. Anm. 12), S. 275–560, hier: S. 361.

14 »Der Mann wird in den Korridor geleitet; dabei ergreift mich ein Gefühl der Beklemmung, als ob plötzlich das Atmen schwerfiele. Man stellt ihn vor den Kriegsrichter, der neben mir steht: ich sehe, daß ihm die Arme durch Handschellen auf dem Rücken gehalten sind. Er trägt eine graue Hose aus gutem Stoff, ein graues Seidenhemd und einen offenen Militärrock, den man ihm über die Schultern geworfen hat. Er hält sich aufrecht, ist gut gewachsen, und sein Gesicht trägt angenehme Züge, wie sie die Frauen anziehen.
Das Urteil wird verlesen. Der Verurteilte folgt dem Vorgang mit höchster, angespannter Aufmerksamkeit, und dennoch habe ich den Eindruck, daß ihm der Text entgeht. Die Augen sind weit geöffnet, starr, saugend, groß, als ob der Körper an ihnen hinge; der volle Mund bewegt sich, als buchstabiere er. Sein Blick fällt auf mich und verweilt für eine Sekunde mit durchdringender, forschender Spannung auf meinem Gesicht. Ich sehe, daß die Erregung ihm etwas Krauses, Blühendes, ja Kindliches verleiht.
Eine winzige Fliege spielt um seine linke Wange und setzt sich einige Male dicht neben seinem Ohre fest; er zieht die Schultern hoch und schüttelt den

Kopf. Die Verlesung dauert eine knappe Minute, dennoch erscheint die Zeit mir außerordentlich lang. Das Pendel wird schwer und gedehnt. Dann führen die beiden Wächter den Verurteilten an die Esche; der Pfarrer begleitet ihn. In diesem Augenblick vermehrt sich noch das Schwere; es hat etwas Umwerfendes, als ob starke Gewichte sich auslösten. Ich entsinne mich, daß ich ihn fragen muß, ob er eine Augenbinde verlangt. Der Geistliche bejaht das für ihn, während die Wächter ihn mit zwei weißen Stricken anbinden. Der Pfarrer stellt ihm noch einige leise Fragen; [...] während der Arzt ihm ein Stück roten Kartons von der Größe einer Spielkarte über dem Herz an das Hemd heftet. Inzwischen sind die Schützen auf ein Zeichen des Oberleutnants eingeschwenkt und stehen hinter dem Pfarrer, der den Verurteilten noch deckt. Nun tritt er zurück, nachdem er mit der Hand noch einmal an ihm heruntergestrichen hat. Es folgen die Kommandos, und mit ihnen tauche ich wieder zum Bewußtsein auf. Ich möchte fortblicken, zwinge mich aber, hinzusehen, und erfasse den Augenblick, in dem mit der Salve fünf kleine dunkle Löcher im Karton erscheinen, als schlügen Tautropfen darauf. Der Getroffene steht noch am Baum; in seinen Zügen drückt sich eine ungeheure Überraschung aus. Ich sehe den Mund sich öffnen und schließen, als wollte er Vokale formulieren und mit großer Mühe noch etwas aussprechen. Der Umstand hat etwas Verwirrendes, und wieder wird die Zeit sehr lang. Auch scheint es, daß der Mann jetzt sehr gefährlich wird. Endlich geben die Knie nach. Die Stricke werden gelöst, und nun erst überzieht die Totenblässe das Gesicht, jäh, als ob ein Eimer voll Kalkwasser sich darüber ausgösse. [...] Der Stabsarzt erklärt mir, daß die Gesten des Sterbenden nur leere Reflexe gewesen sind. Er hat nicht gesehen, was mir in grauenhafter Weise deutlich geworden ist.« Jünger, »Das erste Pariser Tagebuch«, a. a. O. (vgl. Anm. 12), S. 27–29.

15	Aurelius Augustinus, *Confessiones, Bekenntnisse*, Lateinisch/Deutsch, übers., hg. u. kommentiert v. Kurt Flasch u. Burkard Mojsisch, m. einer Einl. v. Kurt Flasch, Stuttgart 2009 [im lateinischen Original um 400], S. 599 ff. (Elftes Buch, Kap. 21,27).

16	Vgl. dazu Dieter Henrichs Auseinandersetzung mit Theunissens *Die Negative Theologie der Zeit*. Dieter Henrich, »Zeit und Gott. Anmerkungen und Anfragen zur Chronotheologie«, in: Emil Angehrn, Christian Iber, Georg Lohmann und Romano Pocai (Hg.), *Der Sinn der Zeit*, Weilerswist 2002, S. 15–39.

17	Augustinus, *Confessiones*, a. a. O. (vgl. Anm. 15), S. 617 ff. (Elftes Buch, Kap. 38,38).

18	Harry G. Frankfurt, »Uns selbst ernst nehmen«, in: Ders., *Sich selbst ernst nehmen*, hg. v. Debra Satz, m. Kommentaren v. Christine M. Korsgaard, Michael E. Bratman u. Meir Dan-Cohen, übers. v. Eva Engels, Frankfurt/Main 2007, S. 15–42, hier: S. 29.

19	Baruch de Spinoza, *Sämtliche Werke*, Bd. 2: *Ethik in geometrischer Ordnung dargestellt* [1677], übers., eingel. u. hg. v. Wolfgang Bartuschat, lateinisch-deutsch, Hamburg 1999, S. 468, 489 (*Ethik*, 4. Teil, Lehrsatz 52). Bartuschat übersetzt

Spinozas »acquiescentia in se ipso« mit dem heute leider missverständlichen Begriff »Selbstzufriedenheit«.

20   Susan Neiman, *Warum erwachsen werden? Eine philosophische Ermutigung*, übers. v. Michael Bischoff, München 2015.

21   Frankfurt, »Uns selbst ernst nehmen«, a. a. O. (vgl. Anm. 18), S. 34.

22   »Daher erscheint mir die Ordnung der Liebe als die kürzeste und wahrste Definition der Tugend.«, Augustinus, *Vom Gottesstaat*, a. a. O., S. 73 (vgl. Anm. Kap. 3/2).

23   Friedrich Nietzsche, *Werke. Kritische Gesamtausgabe*, 7. Abt., Bd. 2: *Nachgelassene Fragmente. Frühjahr bis Herbst 1884*, hg. v. Giorgio Colli u. Mazzino Montinari, Berlin, New York 1974, S. 7. Hervorhebungen im Original.

24   Anthony Ashley Shaftesbury, »Ein Brief über den Enthusiasmus an Mylord ***«, in: Ders., *Der gesellige Enthusiast*, a. a. O. (vgl. Anm. Kap. 2/7), S. 31. Zit. n. Thomä, »Statt einer Einleitung«, a. a. O. (vgl. Anm. Kap. 1/4), S. 18.

25   Friedrich Nietzsche, »Die Fröhliche Wissenschaft. Aphorismus Nr. 377. Wir Heimatlosen.«, in: Ders., *Sämtliche Werke*. Bd. 3, a. a. O., S. 628–631, hier: S. 628 f.

26   Hans Joachim Schellnhuber, Timothy M. Lenton, Johan Rockström, Owen Gaffney, Stefan Rahmstorf, Katherine Richardson, Will Steffen, »Climate tipping points. Too risky to bet against«, *Nature*, Nr. 575, 2019, S. 592–595.

27   »Ars erat esse patrem; vicit natura periculum / Et pariter iuvenem somnoque et morte levavit.« Marcus Manilius, *Astronomicon*, Buch V, Verse 308 f., zit. n. M. Manilii, *Astronomicon*, ex recensione Richardi Bentlii, Basel 1740, S. 134. Übersetzung von Johanna Schumm.

28   Heidegger, *Sein und Zeit*, a. a. O. (vgl. Anm. Kap. 5/33), S. 139 ff.

29   Heidegger meint, dass wir diese Erfahrung insbesondere dann machen können, wenn wir nicht nur Furcht, sondern regelrecht Angst haben. Wir glauben dann, uns nicht mehr ins Offene entwerfen zu können, weil alle Handlungsspielräume dicht sind und wir den Zugang zu den Zusammenhängen, in denen wir uns befinden, verloren haben. Wir wissen noch, wozu die Dinge, die uns zuhanden sind, gut sind, und mit wem wir zusammen sind, wir können bloß mit all dem nichts mehr anfangen, es bedeutet uns nichts mehr, weil die Lage so aussichtslos ist, dass alle Pläne suspendiert werden müssen. So geht es uns vielleicht, wenn das Eis, auf dem wir stehen, schmilzt und wir keinen Platz sehen, auf den wir noch einen Fuß setzen können. Wir merken dann, wie sehr unser Leben darin besteht, uns ins Offene zu entwerfen und staunen vielleicht darüber, dass wir das im alltäglichen Getriebe vergessen haben. Die Angst rüttelt uns dann wach und »vereinzelt« uns wieder, löst uns aus der Verfallenheit an den Alltag. Heidegger, *Sein und Zeit*, ebd., S. 191.

30   Hier gibt es eine Nähe zwischen den Erfahrungen, die wir unter Freunden machen und denen, die wir in der Familie machen. In Freundschaften zwingt uns der Wunsch nach der Anerkennung des anderen dazu, seine Fremdheit anzuerkennen und unser Handeln im Hinblick darauf zu befragen, inwieweit

es ihm vor dem Hintergrund seiner Herzensordnung zugemutet werden kann. Denn nur dann kann uns Anerkennung auch etwas bedeuten. Während wir diesen Perspektivwechsel unter Freunden jedoch aus eigenem Interesse vollziehen, ist er in der Familie ein Resultat der Erziehung. Deshalb ist er in der Familie zugleich stärker und schwächer. Er ist stärker, weil er am konkreten Vorbild geschieht, sich täglich wiederholt. Er ist schwächer, weil ich als Freund den Perspektivwechsel vollziehen muss, um die Zuneigung meiner Freunde zu gewinnen. Die Zuneigung meiner Eltern für mich als Kind ist jedoch nicht an meine Einstellung gebunden. Vgl. dazu der Verf., *Neue Freunde. Über Freundschaft in Zeiten von Facebook*, Bielefeld 2017, S. 80–88.

31   Horkheimer, »Autorität und Familie in der Gegenwart«, a. a. O. (vgl. Anm. Kap. 2/9), S. 379 f.

32   Zur ungleichen Eltern-Kind-Beziehung vgl. Jean Piaget, *Sprechen und Denken des Kindes*, Düsseldorf 1972. James Youniss, *Parents and Peers in Social Development. A Sullivan-Piaget perspective*. Chicago 1980.

33   Office of National Statistics (Hg.), *Measuring National Well-being: At What Age is Personal Well-being the Highest?*, London 2016.

34   William Shakespeare, *Heinrich V.*, übers. v. August Wilhelm Schlegel u. Ludwig Tieck, hg. und rev. v. Hans Matter, Zürich 1979, 3. Akt, 1. Szene.

35   Gottfried Benn, »Eine Hymne« [1951], in: Ders., *Gedichte in der Fassung der Erstdrucke*, hg. v. Bruno Hillebrand, Frankfurt/Main 1982, S. 400.

36   Das erste Zitat mit Bezug auf Empedokles ist aus Hölderlins Roman *Hyperion* [1797], das zweite aus seinem Drama *Der Tod des Empedokles*, das allerdings nur Entwurf geblieben ist [posthum 1846]. Friedrich Hölderlin, *Sämtliche Werke. Große Stuttgarter Ausgabe*, Bd. 3: *Hyperion*, hg. v. Friedrich Beißner, Stuttgart 1957, S. 151. Ders., »Der Tod des Empedokles, Dritte Fassung«, 1. Akt, 3. Aufzug, In: Ders., *Sämtliche Werke und Briefe*, Bd. 2: *Hyperion, Empedokles, Aufsätze, Übersetzungen*, Frankfurt am Main 1994, S. 415.

37   Hölderlin, »Der Tod des Empedokles, dritte Fassung«, a. a. O. (vgl. Anm. Kap. 7/36), S. 643

38   Benn, »Dennoch die Schwerter halten«, in: Ders., *Gedichte in der Fassung der Erstdrucke*, a. a. O. (vgl. Anm. Kap. 7/35), S. 245.

39   Odysseus (dessen Großmutter Siysphos' Geliebte war, bevor sie Odysseus Vater Laertes gebar), beschreibt die Sisyphosarbeit anlässlich seines Besuchs im Totenreich so:
»Auch den Sisyphos sah ich, der, starke Qualen ertragend,
Einen gewaltigen Stein mit beiden Armen daherschob.
Ja, fürwahr, mit Händen und Füßen dagegen sich stemmend,
Stieß er den Stein den Hügel hinan; doch wenn er ihn grade
Über den Gipfel zu wälzen gedachte, dann trieb seine Wucht ihn
Immer zurück, und der tückische Stein rollt' wieder zu Tale.
Aber er stieß ihn von neuem und strengte sich an, und der Schweiß rann

Ihm von den Gliedern herab, und Staub stieg über sein Haupt auf.« Homer, *Odyssee* [8.–7. Jahrhundert v. Chr.], übers. v. Roland Hampe, Stuttgart 1979, S. 190 f. (11. Buch, Vers 593–600).

40 Hans Magnus Enzensberger, *Aussichten auf den Bürgerkrieg*, Frankfurt/Main 1993, S. 91 ff.

41 Sloterdijk, *Du muss dein Leben ändern*, a. a. O. (vgl. Anm. Kap. 1/3), S. 343. Ludwig Wittgenstein in einen Brief an Paul Engelmann vom 9. April 1925: »Wohl fühle ich mich nicht, aber nicht, weil mir meine Schweinerei zu schaffen machte, sondern innerhalb der Schweinerei.«

42 Sloterdijk, *Du musst dein Leben ändern*, a. a. O. (vgl. Anm. Kap. 1/3), S. 429.

43 Ebd., S. 471.

44 Spaemann, *Glück und Wohlwollen*, a. a. O. (vgl. Anm. Kap. 3/2), S. 246 ff.

45 Vgl. dazu die Ausstellung *Zarte Männer in der Skulptur der Moderne*, die vom 19. Oktober 2018 bis zum 3. Februar 2019 im Georg Kolbe Museum in Berlin stattfand und den Ausstellungskatalog dazu.

46 Die Entstehung dieses Textes fällt vermutlich in die Zeit zwischen 200 und 250. Vgl. Diogenes Laertios, »Aristoteles«, in: Ders., *Leben und Meinungen berühmter Philosophen*, übers. v. Otto Apelt, u. Mitarb. v. Hans Günter Zekl neu hg. u. m. einer Einl. vers. v. Klaus Reich, Hamburg 2018, S. 225–245, insbes. Aristoteles' Testament, ebd., S. 230 f.

47 Sloterdijk, *Scheintod im Denken*, a. a. O. (vgl. Anm. Kap. 6/4), S. 16 ff.

48 In ihren lateinischen Fassungen lauten die beiden Zitate: »militia est vita hominis super terram«, Hiob 7,1, und »vivere [...] militare est«, Seneca, »Brief 96«, in: Ders., *Epistulae morales ad Lucilium/Briefe an Lucilius über Ethik*, Teil 1, übers. v. Heinz Gunermann, Franz Loretto u. Rainer Rauthe, hg., komm. u. m. einem Nachw. versehen v. Marion Giebel, Ditzingen 2018 , S. 970.

49 »Walter Serner, *Letzte Lockerung. Ein Handbrevier für Hochstapler und solche, die es werden wollen*, hg. v. Andreas Puff-Trojan, Nachwort v. Goerg M. Oswald, Zürich 2007 [1927], S. 242, Hervorhebung im Original. Vgl. dazu den Kommentar von Puff-Troja, ebd., S. 266.

50 Baltasar Gracián, *Das Kritikon*, übers. u. komm. v. Hartmut Köhler, m. einem Nachw. v. Hans-Rüdiger Schwab, 2. Auflage, Zürich 2001 [1651–57], S. 54.

51 Edmund Husserl, »Die Pariser Vorträge«, in: Ders., *Husserliana. Gesammelte Werke. Aufgrund des Nachlasses veröffentlicht in Gemeinschaft mit dem Husserl-Archiv an der Universität Köln vom Husserl-Archiv (Löwen)*, Bd. 1: *Cartesianische Meditationen und Pariser Vorträge*, hg. u. eingel. v. Stephan Strasser, Dordrecht 1950, S. 8 f.

52 Georges Didi-Huberman, *Ce que nous voyons, ce qui nous regarde*, Paris 2004.

53 Peter Probst, »Pathisch, Pathik«, in: *Historisches Wörterbuch der Philosophie*, Bd. 7, hg. v. Joachim Ritter u. Karlfried Gründer, Basel 1989, Spalten 177–180.

54 So etwa Marc Aurel in seinen Selbstbetrachtungen. Im Kontext lautet die Passage: »Erwäge beständig, wie viele Ärzte schon dahingestorben sind, die oft

am Lager ihrer Kranken die Stirne in ernste Falten gelegt, und wie viele Astrologen, die wie etwas Wunderbares den Tod anderer vorausgesagt! Wie viele Philosophen, die über Tod und Unsterblichkeit ihre tausenderlei Gedanken ausgebrütet; wie viele Kriegshelden, die eine Menge Menschen getötet; wie viele Gewaltherrscher, die, gleich als wären sie selbst unsterblich, ihre Macht über fremdes Leben mit furchtbarem Übermute gemißbraucht haben! Wie viele Städte sind nach ihrem ganzen Umfang, daß ich so sage, gestorben, Helice und Pompeji und Herkulanum und unzählige andere! Gehe nun auch der Reihe nach alle deine Bekannten durch! Der eine hat diesen, der andere jenen bestattet und ist bald selbst bestattet worden, und das alles in so kurzer Zeit! – Siehe denn also im ganzen genommen das Menschliche jeder Zeit als etwas Flüchtiges und Wertloses an! Was gestern noch im Keimen war, ist morgen schon einbalsamiertes Fleisch oder ein Haufen Asche. Durchlebe demnach diesen Augenblick von Zeit der Natur gemäß, dann scheide heiter von hinnen, gleich der gereiften Olive: Sie fällt ab, die Erde, ihre Erzeugerin, preisend und voll Dank gegen den Baum, der sie hervorgebracht hat.« Marc Aurel, *Selbstbetrachtungen*, übers. u. m. Einl. u. Anm. v. Albert Wittstock, Stuttgart 1949 [im lateinischen Original vor 180], S. 56 (Buch 4, Betrachtung 48).

55   Platon, »Phaidon«, in: Ders., *Sämtliche Werke*, Bd. 2, a. a. O. (vgl. Anm. Kap. 6/7), S. 118 (*Phaidon* 65a, 64c–e).

56   Lucius Annaeus Seneca, »Brief 41«, in: Ders., *Epistulae morales ad Lucilium/ Briefe an Lucilius über Ethik*, Teil 1, a. a. O. (vgl. Anm. Kap. 7/48), S. 262–267.

57   Lucius Annaeus Seneca, *Philosophische Schriften*. Bd. 3: *Briefe an Lucilius. Brief 1 bis 81*, übers., m. Einl. u. Anm. versehen v. Otto Apelt, Leipzig 1924, S. 320–327, hier: S. 326 f.

58   Epikur, »Brief an Menoikeus«, in: Diogenes Laertios, *Leben und Meinungen berühmter Philosophen*, a. a. O. (vgl. Anm. Kap. 7/48), S. 593–601, hier: S. 596.

9 Klimainduzierte Askese

1   Sloterdijk, *Du musst dein Leben ändern*, a. a. O. (vgl. Anm. Kap. 1/3), S. 699 ff.

2   Werner Sombart, *Das Wirtschaftsleben im Zeitalter des Hochkapitalismus*, Bd. 3, Halbbd. 2, München, Leipzig 1927, S. 1010.

3   Zur Logik der Klimakatastrophe als Logik der Apokalypse vgl. Peter Sloterdijk, »Das Anthropozän – Ein Prozeß-Zustand am Rande der Erdgeschichte?«, in: Ders., *Was geschah im 21. Jahrhundert*, Berlin 2016, S. 7–43, hier: insbes. S. 21 ff.,

4   »According to Lovelock and Margulis's Gaia hypothesis, living things are part of a planetary-scale self-regulating system that has maintained habitable conditions for the past 3.5 billion years«. Timothy M. Lenton, Bruno Latour, »Gaia 2.0«, in: *Science*, 361. Jg, H. 6407 (14. September 2018), S. 1066–1068, hier: S. 1066.

5   Colin N. Waters, Jan Zalasiewcz, Colin Summerhayes, Anthony D. Barnovsky, Clément Poirier, Agnieszka Galuszka, Alejandro Cearreta, Matt Edgeworth, Erle C. Ellis, Michael Ellis, Catherine Jeandel, Reinhold Leinfelder, J. R. McNeill, Daniel deB. Richter, Will Steffen, James Syvitski, Davor Vidas, Michael Wagreich, Mark Williams, An Zhisheng, Jacques Grinevald, Eric Odada, Naomi Oreskes, Alexander P. Wolfe, »The Anthropocene is functionally and stratigraphically distinct from the Holocene«, *Science*, 351. Jg., H. 6269 (8. Januar 2016,) S. 137–147.

6   Lenton und Latour nennen dieses selbst handelnde System Umwelt »Gaia 2.0«. Lenton, Latour, »Gaia 2.0«, a. a. O. (vgl. Anm. 4), 1066 ff.

7   Zum Homo oeconomicus als glückssuchenden Seefahrer vgl. Peter Sloterdijk, *Im Weltinnenraum des Kapitals. Für eine philosophische Theorie der Globalisierung*, Frankfurt/Main 2005.

8   Vgl. Wolfgang Welsch, *Wege aus der Moderne. Schlüsseltexte der Postmoderne-Diskussion*, Berlin 1994.

9   Georg Wilhelm Friedrich Hegel, Werke in 20 Bänden, Bd. 18, *Vorlesungen über die Geschichte der Philosophie I* [1832], hg. v. Eva Moldenhauer u. Karl Markus Michel, Frankfurt/Main 1999, S. 114.

10   »Unsere Körper dringen in die Sofas, auf denen wir sitzen, ein, und die Sofas dringen in uns ein, so wie die vorüberfahrende Straßenbahn in die Häuser dringt, die sich ihrerseits auf die Straßenbahn stürzen und sich mit ihr verquicken.« Umberto Boccioni, *Die futuristische Malerei. Technisches Manifest 1910*, zit. n. Christa Baumgarth, *Geschichte des Futurismus*. Reinbek bei Hamburg 1966, S. 182. Zur Konsumkultur vgl. etwa Wolfgang Schivelbusch, *Das verzehrende Leben der Dinge. Versuch über die Konsumtion*, München 2015. Zu alternativen ökonomischen Theorien vgl. etwa Axel Honneth, *Das Recht der Freiheit. Grundriss einer demokratischen Sittlichkeit*, 2. Aufl., Berlin 2015.

11   Spaemann, *Glück und Wohlwollen*, a. a. O. (vgl. Anm. Kap. 3/2), S. 99. Robert Spaemann, »Tierschutz und Menschenwürde«, in: Ursula M. Händel (Hg.), *Tierschutz. Testfall unserer Menschlichkeit*, Frankfurt/Main 1979, S. 71–81.

12   Zur philosophischen Schusterei vgl. etwa Karl Marx: »Der Schuster Jakob Böhme war ein großer Philosoph. Manche Philosophen von Ruf sind nur große Schuster.« Ders., Friedrich Engels, *MEW 1*, S. 72. Der Ursprung des Philosophierens über das Schusterhandwerk liegt vielleicht im fünften Buch von Platons *Der Staat*, wo dieser verschiedentlich von der »Schusterkunst« handelt, etwa im zweiten und im fünften Buch. Mein Beispiel vom Schustern im Zusammenhang mit der Auffassung des Lebens als Ganzes ist von Spaemann, *Glück und Wohlwollen*, a. a. O. (vgl. Anm. Kap. 3/2), S. 42 f.

10 Lob des Gammelns: Ein Postskriptum

1   Klaus Theweleit, »Männer tragen eine 12 000 Jahre alte Gewaltgeschichte im Körper, die in unseren Gesellschaften gepflegt und gefördert wird«, Interview mit Judith Sevinç Basad, *Neue Zürcher Zeitung*, 30. November 2019.

2   Gottfried Benn, »VI Gesänge«, in: Ders., *Gedichte in der Fassung der Erstdrucke*, a. a. O. (vgl. Anm. Kap. 8/35), S. 47.

3   Oder wie Theodor W. Adorno in seinem Text »Sur l'Eau« schreibt: »Rien faire comme une bête«. Theodor W. Adorno, »Sur l'eau« [1945], in: Ders., *Minima Moralia. Reflexionen aus dem beschädigten Leben*, 23. Aufl, Frankfurt/Main 1997, S. 206–208, hier: S. 207 f. (Aphorismus Nr. 100).

4   Benn, »Dennoch die Schwerter halten«, a. a. O. (vgl. Anm. Kap. 8/35), S. 245.

5   Gottfried Benn, »Epilog 1949«, in: Ders., *Gedichte in der Fassung der Erstdrucke*, a. a. O. (vgl. Anm. Kap. 8/35), S. 362.

134 Seiten • Klappenbroschur
14,5 x 20,5 cm • 16 € (D/A)
ISBN 978-3-96317-185-7

Wolfram Ette

DAS EIGENSINNIGE KIND

Über unterdrückten Widerstand und die Formen ungelebten Lebens – ein gesellschaftspolitischer Essay

Das eigensinnige Kind ist das kürzeste Märchen in der Sammlung der Brüder Grimm und zugleich eines der schrecklichsten. Es handelt vom kurzen Leben eines Kindes, dessen Eigensinn von der alleinerziehenden Mutter bis über den Tod hinaus gebrochen wird. Für den Literaturwissenschaftler und Philosophen Wolfram Ette wird das Märchen zur ersten Station einer essayistischen Besichtigungstour, die sich für die komplexen Verdrängungs- und Unterdrückungsverhältnisse im zeitgenössischen Dreieck von Kind, Familie und Gesellschaft interessiert.

Für seine Galerie des Eigensinns greift Ette nicht nur auf Material aus kanonisierten Kinderbüchern, literarischen Klassikern und antiken Texten zurück. Ins Blickfeld geraten auch die vielfältigen Dramen zwischen Eltern und Kindern, die der Alltag zu bieten hat, sowie die dazugehörigen beschädigten Lebensläufe bis hin zum Amokläufer. Er untersucht die unausgesprochenen gesellschaftlichen Konflikte, die sich in diesen Szenen des Eigensinns abgelagert haben, und fragt danach, welche gesellschaftlichen Gewaltverhältnisse sie spiegeln, maskieren, unterstützen.

188 Seiten • Klappenbroschur
14,5 x 20,5 cm • 18 € (D/A)
ISBN 978-3-96317-126-0

Björn Vedder

REICHER PÖBEL

Über die Monster des Kapitalismus

Die Superreichen stehen unter heftigem Beschuss: Sie plündern die Welt und mästen sich an fremder Arbeit, verspielen unsere Zukunft und zerstören den gesellschaftlichen Zusammenhalt. Die »Fuck-You-Politik der Oberschicht« (Michael Naumann) hat einen »Krieg der Klassen« (Warren Buffet) provoziert, der größtenteils noch in den Medien, vielleicht aber bald schon in den Parlamenten und auf den Straßen geführt wird. Mit den geschulten Augen des Kulturphilosophen zeigt Björn Vedder: Die Kritik am »reichen Pöbel«, wie sie derzeit in Debatten, Filmen, Büchern und Fernsehserien Konjunktur hat, ist halbherzig und heuchlerisch. Sie dämonisiert eine kleine gesellschaftliche Gruppe, ohne das dahinterstehende Wirtschaftssystem und unsere eigene Rolle darin infrage zu stellen. Wie gefährlich diese fehlgeleitete Kritik für die politische Kultur und die unter Druck geratene Mittelschicht werden kann, zeigen die jüngsten Wahlerfolge von Populisten, etwa von Donald Trump oder der AfD.

Denn während es sich die vermeintlichen Gesellschaftskritiker beim Reichen-Bashing gemütlich machen, entsteht eine brandgefährliche politische Allianz: Der arme und der reiche Pöbel schicken sich gemeinsam an, der von ihnen umklammerten Mitte der Gesellschaft den Garaus zu machen.